普及版

完璧な親なんていない！

カナダ生まれの
子育てテキスト

ジャニス・ウッド・キャタノ 著
三沢直子 監修
幾島幸子 翻訳
おのでらえいこ 絵

ひとなる書房

2

日本の読者の方へ

Note from Nobody's Perfect National Office

Raising healthy and happy children is one of life's most rewarding experiences, but it is not always an easy one. In the Nobody's Perfect program, you will learn about your child's development, behaviour and safety. By talking with other parents, you will discover new ideas to try in your own family. Although our cultures may differ, Canadian parents and Japanese parents share a common goal - we want our children to grow up to be responsible, loving adults.

We hope that your participation in the Nobody's Perfect program will be interesting, helpful and fun!

Janice MacAulay　Nobody's Perfect Canada

　健康で幸せな子どもを育てることは、人生でもっともやりがいのある仕事のひとつです。でもそれは、かならずしもやさしい仕事ではありません。Nobody's Perfectプログラムでは、子どもの発達やしつけ、そして安全について学びます。また、ほかの親たちと話し合うことによって、自分の家庭でも試してみたいと思ういろいろなアイデアに出会うこともできます。カナダと日本には文化の違いはありますが、子どもに責任ある、愛情あふれる大人になってほしいという親のねがいは共通のものです。

　Nobody's Perfectプログラムに参加する日本のみなさんが、このプログラムを興味深く、役に立つ、楽しいものだと思ってくださることを心から願っています。

Nobody's Perfect カナダ全国事務局　ジャニス・マコーレー

日本語普及版刊行にあたって

「子育て支援に1ドルかけ惜しめば、7ドルのツケとなってさまざまな問題が起こる」

1980年代初頭に行われたこのような試算を元に、カナダ政府は子育て支援に力を注ぐようになった、と言われています。この "NOBODY'S PERFECT" も、そのようななかで行われるようになったプログラムの一つです。

これは、0歳から5歳までの子どもを持つ親を対象に、『PARENTS 親』、『MIND こころ』、『BEHAVIOUR しつけ』、『BODY からだ』、『SAFETY 安全』の5冊のテキストを無料で提供するだけではなく、保育つきで6～8回の連続講座を行う、というものです。そして、必要に応じてこのテキストを参照しながら、お互いの悩みを出し合って、それぞれ自分にあった子育てのしかたを学んでいく、というものです。

カナダではこの他にも、保育つきではありませんが、「赤ちゃんがやってきた WHEN BABY COMES HOME」とか、「あなたのかかわり方次第で子どもは変わる YOU MAKE THE DIFFERENCE」などの多彩なプログラムがあり、誰もがいずれかのプログラムを受けられるようになっている、ということです。

さて、この日本においてはどうでしょうか？ 私が住んでいる東京西部の地域では、日本ではまだ珍しいかもしれませんが、保育つきで連続の母親講座がかなり盛んに行われてきました。例えば、国分寺市では5つの公民館で、約25回連続の「幼い子のいる女性のための教室」というものが、保育つきで毎年開催されています。その講座は、それぞれが抱えている育児の悩みや夫婦間の悩みなどを出し合って、自分に合った子育てのしかたや、家庭の運営法などを模索していくというものです。講座終了後も、多くの参加者はたがいに支え合う仲間になっていくということもあり、地域で孤立しがちなお母さんたちにとっては、きわめて有効なものであると思われました。

長年、さまざまな地域でそのような母親講座の講師を務めてきたなかで、「子育ての仕方が分からない」、「しつけの仕方が分からない」というお母さんたちの悩みが、年々深刻になってきている、という印象がありました。考えてみれば、それもごく当然なことで、現代のお母さんたちは、母親になるためのトレーニングや教育をほとんど受けたこともないまま、わが子が生まれたときにはじめて赤ちゃんに触った、という人もけっして少なくはないのです。一昔前までのように、身近でアドバイスしたり、手助けしたりしてくれる先輩の人々がいるわけでもなく、たった一人で不慣れな子育ての全責任を負わなければならない中で、途方に

くれているお母さんたちも多くなっています。そのような状況においては、これまでのようにたんに母親講座を行うだけではなく、困ったときに参照できるようなテキストも必要になっているのではないか、と感じていました。

　わが国においては文部科学省から『家庭教育手帳』が出され、厚生労働省から『それでいいよ、だいじょうぶ』という小冊子が出されてきましたが、もう少し具体的で親の実状に添ったテキストがないものかと探していたところ、ちょうど出会ったのがこの"NOBODY'S　PERFECT"でした。これは、保健師、カウンセラー、ソーシャルワーカー、コミュニティワーカーなど、地域で子育て支援を行ってきた人々に加えて、先生や親なども参加して、みんなの合議のもとにつくられた、というものです。それだけに、「こういうことが知りたかった」、「こういうことを言って欲しかった」と納得できる箇所がたくさんあります。

　また、冒頭で「はじめから一人前の親などいません。皆、まわりからの助けを得ながら親になっていくのです。……これは、あなたが自分に対しても子どもに対しても"これでだいじょうぶ"という気持ちで子育てにベストをつくせるよう、お手伝いするためのテキストです」と書かれているように、たんに親として子どもにどう関わったらよいかという心得が書かれているだけではなく、親の心に寄り添いながら、親が親として育っていくのを支援していく、という立場でつくられたものです。それゆえ、カナダと日本の文化的な差や状況の違いはあるにしても、ぜひこのまま日本のお母さんやお父さんたちにご紹介したいと思った次第です。

　本来、このテキストは5冊に分かれているものですが、本書はひとりでも多くのお父さん・お母さんに読んでいただきたいという思いで、より安価に提供するために1冊に編集しました。また、イラストも日本の実状に合ったものに変えています。翻訳については、読みやすいことを第一に考えましたが、そのために一部、直訳よりも意訳になっている箇所もあります。例えば、第2章のタイトルの原語は"BEHAVIOUR"ですが、これには「行動」という意味のほかに「礼儀、作法」という意味もあり、内容の上から「しつけ」と訳すことにしました。また、制度上、日本とは異なるものやなじみのないものもありますが、それらについては基本的にそのまま表記しました。本書の中でも、何回か「もしなければ、要望してみましょう」と書かれているように、今後の日本の子育て支援を拡充していく上で参考にしていただければと思います。ただし、日本の制度と異なる場合には注をいれて具体例を示し、また、巻末には日本

日本語普及版刊行にあたって

における子育て支援の情報をできるだけ添付しましたので、そちらのほうも参照していただければ幸いです。

また、とくに「ファミリー・リソースセンター」、「ブロックペアレンツ」、「プレイグループ」など、日本においては聞きなれないものについては簡単な説明を入れましたが、もう少し詳しく知りたい方は、小出まみ著『地域から生まれる支えあいの子育て』（ひとなる書房）をご覧いただければと思います。実は、私がこの"NOBODY'S PERFECT"のプログラムを知ったのも、この本からでした。これまで長年、日本における子育て支援活動をする中で、こんな制度があったら、あんな制度があったらと思うことが多かったのですが、それらすべての制度がカナダにおいては実現されていることをこの本を通して知って、私自身たいへん勇気づけられました。今後、日本における子育て支援の具体策を考えていく上で、たいへん参考になる本であると思いますので、本書とあわせてご覧いただければ幸いです。

なお、本書を出版するにあたっては、多くの方々のご協力を得ました。本書の編集に際して、ブレーンストーミングに加わって貴重なご意見をいただいたお母さん、幼稚園・保育園・学校の先生、臨床心理士、子ども家庭支援センター相談員などのみなさん、また、翻訳にあたってさまざまな疑問にお答えいただいたバーバラ・オロークさんをはじめとするカナダ・スタッフのみなさん、さらに、普及版出版の意義を理解し、同時に発行する『親教育プログラムのすすめ方～ファシリテーターの仕事』（原題Working with Nobody's Perfect : A Facilitator's Guide）と共に、出版を許可していただいたカナダ政府の関係者の方々に心からの謝意を表したいと思います。

また、より読みやすくステキな本に仕上げるために、翻訳の幾島幸子さん、装丁・デザインの山田道弘さん、イラストの小野寺英子さんをはじめとする製作スタッフが、一丸となって作業にあたりしました。私たちの"NOBODY'S PERFECT"に寄せる思いが、この普及版を通して皆さんに伝われば幸いに思います。

カナダにおける原本が、改訂を重ねて進化してきたように、本書がきっかけとなって、何年か後には日本の実情に合ったものを作りたいと思っています。そのためにも、本書を活用したみなさんから、ご意見・ご要望などがありましたら、ぜひお寄せ下さいますようお願い申し上げます。

2002年7月

監修者　三沢直子

はじめに INTRODUCTION

「はじめから一人前の親などいません。皆、まわりからの助けを得ながら親になっていくのです。」

人間は皆、欠点をもっています。完ぺきな人間などどこにもいません。完ぺきな親や完ぺきな子どもなど、存在しないのです。ですから大事なのは、可能なかぎりベストをつくすことです。そして必要な時には、まわりから助けを借りることです。

もちろんこのテキストも、完ぺきではありません。子育てに必要なことがすべて書いてあるわけではありません。これは、あなたが自分に対しても子どもに対しても、"これでだいじょうぶ"という気持ちで子育てにベストをつくせるようお手伝いするためのテキストです。

また、このテキスト以外にも子育てに関するアドバイスや支援を受けられるところはたくさんあります。あなたの住む地域の次のような人や場を訪ねてみましょう。
・医師
・保健師
・地域のヘルスワーカー
・ファミリー・リソースセンターまたは保育園
・コミュニティーセンター
・図書館や移動図書館

注：日本での相談先については巻末資料を参考にしてください。

このテキストの使い方

このテキストは全部で5つの章からできていて、それぞれ違ったテーマを扱っています。
まずテキストの最初にある目次を見て、読みたい項目から読んでみましょう。

1	**親**	適切な支援を受けながら自分らしい子育てをするために
2	**しつけ**	しつけの方法とよくある問題の解決法
3	**こころ**	子どもの知能と情緒の発達、遊び
4	**安全**	事故の予防と応急処置のしかた
5	**からだ**	子どもの成長、健康、病気

もくじ

日本の読者の方へ　3
日本語普及版刊行にあたって　4
はじめに　7

chapter1　PARENTS　親

親だって人間です　14
- 自分の時間を大切に　15
- 自分に自信をもちましょう　16

あなたはひとりぼっちじゃない　18
- 時間　20
- お金　22
- 他人の視線　24
- 親との同居　25
- ひとり親家庭　26
- 新しいパートナー　28
- 新しい家庭をつくる　30
- ストレス　32
- ストレスを感じたら　33
- 怒り　34
- 怒りのコントロール　35
- 気分が落ち込んだとき　36
- うつ病　37

ひとりでかかえこまないで　38
- まわりに助けを求めましょう　38
- ファミリー・バイオレンスとは？　40
- ファミリー・バイオレンスへの対処　41
- アルコールや薬物には頼らない　42
- 仲間をつくりましょう　43

保育と託児　45
- どんな種類があるか　45
- どこに子どもを預けるか　46
- 預ける場所の探し方　47
- ベビーシッターの選び方　48
- 自宅で子どもをみてもらうとき　49
- 外に子どもを預けるとき　50
- 保育と託児にまつわる問題　51

児童虐待　52
- 児童虐待とは？　52
- 子どもが性的な虐待を受けているといったら　54
- 子どもが虐待されていると思ったら　55
- 子どもを虐待しそうになったら　56

子育ては助け合いながら　57

CONTENTS

chapter2 BEHAVIOUR　しつけ

子どもとしつけ 60

愛情と甘やかしは違う 62

上手なしつけのしかた 63
- 成長に合わせたしつけをする　64
- いい子にしていたらすぐほめる　66
- おとなを困らせる行動にはとりあわない　67
- よい見本を示す　68
- しつけをしやすくする工夫をする　69
- ルールをつくる　71
- 自分のやったことの結果をわからせる　72

子どもが悪さをしたときは 73
- もう頭がおかしくなりそう！　73
- 「タイム」　74
- 子どもをたたいてはだめ？　76
- 問題を解決するには　77

しつけの悩みあれこれ 78
- 落ちつきがない　78
- 乱暴な子ども　80
- なかなか寝ない　82
- おねしょ　84
- 人にかみつく　86
- 後追い　87
- 泣く（赤ちゃんの場合）　88
- 食事を食べない　90
- こわがりな子ども　91
- けんか　92
- やきもち（弟や妹が生まれたとき）　93
- うそをつく　94
- 直したいクセ　95
- こわい夢を見て泣く　96
- いうことをきかない　97
- 性について聞かれたら　98
- 性器いじり　99
- 人の物を取る　100
- 吃音　101
- かんしゃく　102
- トイレのしつけ　103
- ぐずる　105

ひとりでかかえこまないで 106
- つらい体験　106
- 親だって腹が立つ！　107

もくじ

chapter3 MIND こころ

子どもの感情 110
- 成長するからだ、成長するこころ 110
- 子どもの感情 111
- 大切なのは親の接し方 112

誕生－6カ月まで 113
- 安全で、守られ、愛されていると感じること 113
- 考えること、学ぶこと、遊ぶこと 114
- 楽しみながら学べるおもちゃ 115

6カ月－1歳まで 116
- 安全で、守られ、愛されていると感じること 116
- 考えること、学ぶこと、遊ぶこと 117
- 楽しみながら学べるおもちゃ 118

1歳－2歳まで 119
- 安全で、守られ、愛されていると感じること 119
- 考えること、学ぶこと、遊ぶこと 120
- 楽しみながら学べるおもちゃ 122

2歳－3歳まで 123
- 安全で、守られ、愛されていると感じること 123
- 考えること、学ぶこと、遊ぶこと 124
- 楽しみながら学べるおもちゃ 126

3歳－5歳まで 127
- 安全で、守られ、愛されていると感じること 127
- 考えること、学ぶこと、遊ぶこと 128
- 楽しみながら学べるおもちゃ 130

遊び 131
- 遊ぶことは大切です 131
- 遊びとおもちゃ 132
- 自分でつくり、工夫するおもちゃ 133
- つくってみましょう 135
- 外に出て遊びましょう 136
- 本と読み聞かせ 137
- 子どもとテレビ 138
- 女の子にはピンク、男の子にはブルー？ 139
- うちの子は正常？ 140

chapter4 SAFETY 安全

子どもの事故 142
- 子どもに多い事故は何でしょう？ 142
- どんなときに事故がおきるのでしょう？ 144
- なぜ事故がおきるのでしょう？ 145
- 子どもを危険から守るために 146
- SIDSから子どもを守るために 150

CONTENTS

子どもの発達と安全　151
- 誕生－4カ月　151
- 4－7カ月　152
- 7－12カ月　153
- 1－2歳　154
- 2－3歳　155
- 3－4歳　156
- 4－5歳　157

家の中での安全　158
- 台所　158
- 洗面所・風呂場　158
- 寝室　158
- 廊下・階段　159
- ベランダ　159
- 洗濯室・物置　159
- 赤ちゃん用家具　160
- その他　162

安全におもちゃで遊ぶために　163

安全に車に乗るために　165

道路での安全　168

家の外での安全　169
- 危険な場所　169
- 知らない人に話しかけられたら　170
- 子どもに多い事故やけが　171
- 太陽光線から子どもを守る　172
- 冬の屋外での安全　173
- オフロード車に乗るとき　174
- 船に乗るとき　175
- 農場での安全　176

応急手当　177
- 緊急連絡先リスト　177
- 常備しておきたい救急用品　178
- 動物にかまれた、ハチに刺された　179
- 骨折　180
- 頭を打った　181
- やけど　182
- のどに物がつまった（赤ちゃんの場合）　183
- のどに物がつまった（もう少し大きい子どもの場合）　185
- 耳に異物が入った　187
- 鼻に異物が入った　187
- 目に異物が入った　188
- 凍傷　189
- 日焼け・熱射病　190
- 毒物を飲んだ　191
- すり傷・切り傷　192
- 鼻血　192

緊急時の処置　193
- 緊急時の心得　193
- 人工呼吸（赤ちゃんの場合）　196
- 人工呼吸（もう少し大きい子どもの場合）　197
- 出血　198

もくじ

chapter5 BODY　からだ

成長　200
- うちの子は健康？　200
- 子どもの健康を保つには？　202
- からだを動かしましょう　204
- 家の中は禁煙に　205
- 十分な睡眠をとらせる　206
- 清潔を保つ　207
- 定期検診　208
- 予防接種　209
- 歯の衛生　210
- よい食習慣をつける　211
  - －赤ちゃんの食事　212
  - －１、２歳児の食事　213
  - －からだにいいおやつ　214

病気　215
- 病気かどうかの見分け方　215
- 病気だと思ったら　216
- 医者に連れていく　217
- 薬を飲ませるとき　218
- 薬の上手な飲ませ方　219

アレルギー　220
ぜんそく　221
かぜ　222
コリック　223
便秘　224
せき　225
クループ（喉頭炎）　226
おむつかぶれ　227
下痢　228
耳の痛み　230
発熱　231
ひきつけ　232
とびひ　233
しらみ　234
かいせん　235
のどの痛み　236
おう吐　237
寄生虫（ぎょう虫）　238

おわりに　239
訳者あとがき　240
巻末資料　241

chapter 1 PARENTS
親

完璧な親なんていない！

親だって人間です

親とは、子どもと自分のために精一杯努力している人のことです。親も人間であることに変わりありません。

親はひとりひとり違います。皆、それぞれに自分のやり方をもっています。何でもすべてうまくやれる親など、どこにもいません。

完ぺきな親になろうとして、無理にがんばる必要はありません。だいじなのは子どもを愛し、子育てを楽しむことです。そしていつも、親としてベストをつくすよう努力しましょう。

☺自分が親として
ベストをつくしていることに自信をもちましょう。

親だって人間です
自分の時間を大切に

お母さんお父さんにも、自分の生活、自分の人生があります。自分のことをするのは、けっして自己中心的なことではありません。自分の生活をだいじにする親のほうが、子どもの面倒もちゃんとみることができるのです。

心身ともに健康な親であるためには、次のことが必要です

・よく食べること
・十分に睡眠をとること
・活動的に動くこと
・新しいことを学び、体験すること
・楽しむこと
・毎日数分でもいいから、ひとりで過ごす時間をもつこと
・他のおとなとともに時間を過ごし、話をすること
・愛情とセックスの面で満ち足りていること

☺ 子どもの世話をしながら自分の時間をもつことは、簡単ではありません。でも、この二つを両立させることはとても重要です。

親だって人間です
自分に自信をもちましょう

自信とは、自分を肯定する気持ちのことです。

自信とは、自分で自分のことを「よい人間だ」と思える気持ちを指します。この気持ちがあれば、自分のしたいことをする時間をもってもいい、と思うことができます。自分のしたいことをしながら、子どもにとってもよい親でいられる、そう思わせてくれるのが自信なのです。

親のだいじな仕事のひとつは、子どもに、安全で、守られ、愛されているという安心感をあたえ、それによって子どもの自信をはぐくむことです。これと同じことが、親にもあてはまります。親が自信をもつためには、親であるあなたが安全で、守られ、愛されていると思えるようになることが必要なのです。

☺毎日、自分のために何かいい気分になれることをしましょう。
それは自分へのごほうびです。

Chapter 1 親

親だって人間です

とはいっても、実際に自信をもつのは口でいうほど簡単なことではありません。親のなかには、自分の人生にも自分自身にも満足していない人が少なくありません。一生懸命やっているのに、自分に満足することができない。自分のまちがいばかりが目につき、ああすればよかった、こうすればよかったと思い悩む。そしてまわりの人は皆、自分より頭がよくて、しあわせで、親としてもずっと立派だと思ってしまうのです。

自信をつけるための第一歩は、自分がきちんとできることや、自分の人生のよい面に目を向けることです。

完ぺきな人などどこにもいない──このことを忘れずに

・失敗するのはあたりまえと思いましょう。失敗したらそこから学び、同じまちがいをくり返さないようにすればいいのです。

・自分に多くを求めすぎないようにしましょう。やりたいと思うことを全部するのは無理かもしれません。でも、何かひとつならできます。それができたら、また次のことに取りかかればいいのです。

自分のしたことに誇りをもつ

・毎日、その日にやって気分がよかったことをふり返りましょう。ひとつひとつは小さなことでも、全部合わせれば今日はいい一日だったと思えます。たとえば子どもを笑わせた、友だちにやさしい言葉をかけた、お手伝いをさせて子どもに人の役に立つ喜びを教えた、短時間でも自分の時間をつくることができた、など。

新しいことに挑戦する

・何か新しくやってみたいことを考え、どうすればできるか計画を立てましょう。目標を達成できたら、がんばった自分をほめてあげましょう。

自信は、自分の人生を責任をもって引き受けることによって生まれます。もちろんそれは、すぐにできることではありません。けれども小さなことから少しずつ自分を変えていけば、その積み重ねが自信につながっていくのです。

あなたはひとりぼっちじゃない

どんな親でも、生活していくうえでの悩みごと——時間、お金、他人の干渉など——をいろいろかかえているものです。

「どうしてこんなに時間がないのかしら？
朝から晩まで忙しく働いているのに、
やることはちっともなくならない！」

「お金って、どこへ消えていくのかしら？
十分にあったためしがないわ」

Chapter 1 親

あなたはひとりぼっちじゃない

「まわりから、ああしろこうしろって
いわれるのはもううんざり。
みんな、何かいわないと
気がすまないんだから」

「それに、同じことを
いう人はいない！　みんな、
違うことをいうのよね」

あなたはひとりぼっちじゃない
時間

小さな子どもがいるお母さん、お父さんは、いつも時間が足りないと感じているでしょう。一日中忙しいうえに、しょっちゅう子どもにじゃまをされます。外に仕事をもっている場合には、ますます時間は少なく感じるはずです。

いつも何かに追われている状態から少しリラックスするために、次のことを心がけてみましょう。だいじなのは、限られた時間のなかで何をするかなのです。

物より人を優先する

子どもを抱きしめ、いっしょに遊んであげましょう。そのほうが、家のそうじよりずっと大切です。

清潔より整頓がだいじ

窓のさんにたまったほこりなど誰も気にしませんが、床におもちゃが散らかっているとあぶないし、イライラします。おもちゃを箱に入れて、部屋の隅に片づけましょう。たった2、3分で部屋がずっとすっきりして、気分もよくなります。

物事は段取りよく、計画的に

・毎日、その日にやるべきことのリストをつくりましょう。
・何をするにも、一番簡単で早くできる方法を工夫しましょう。
・何か問題（子どもの病気、ベビーシッターが見つからない、医者の予約が取れない、など）がおこる前に、そうなったときどうするか心の準備をしておきましょう。
・ひとりで全部やろうとしないで、まわりに助けを求めましょう。
・用事はできるだけ電話ですませましょう。電話で注文できるものはそうしましょう。
・パートナーと家事・育児を分担しましょう。

Chapter 1 親

あなたはひとりぼっちじゃない

親がすべき「仕事」には 2 種類あります。

絶対にしなければならないこと
・子どもの食事
・休息
・請求書の支払い

したほうがいいこと
・床そうじ
・ほこりを払う

「これをしなかったら、何かまずいことがおきるか」と考えてみて、もしイエスなら、それは絶対にしなければならないことです。

絶対にしなければならないこと、そして家族や友だちと楽しく過ごすことに時間を使いましょう。

やったことにたいして、よくやったと自分をほめてあげましょう。やり残したことをうしろめたく思うことはありません。

あなたはひとりぼっちじゃない
お金

ほとんどの家庭では、少ないお金で上手にやりくりすることが必要です。

そのためのヒントをいくつかあげてみましょう

- 中古品を利用する。服やおもちゃ、家具などは、中古でも安全で丈夫なら十分に使えます。
- 子どもが大きくなったら、着られなくなった服や使わなくなったおもちゃを交換する。
- 本やおもちゃは、図書館やファミリー・リソース・センター[*]で借りる。
- 服やおもちゃを自分で手づくりする。
- 安くて栄養価の高い食べ物は何か、保健師や栄養士にたずね、インスタント食品や出来あいのおかずを買うのではなく、料理を手づくりして節約する工夫をする。
- 安売りの情報をチェックして、買い物は安いときにする。値段をくらべる習慣を。
- 友だちと相談して、おたがいに協力することで節約できる方法を考える。
  - 車による子どもの送り迎えを交代でしたり、プレイグループ[**]をつくる。
  - たがいに子どもを預けあう。
  - グループで食料品をまとめ買いしていっしょに料理したり、地域のキッチン・プログラム[***]を利用したりする。

*注：子育てに必要な様々な情報や物資、サービスが得られる地域の親子のための「たまり場」。センターによっては「おもちゃ図書館」も併設されており、経済的な負担なく、気軽におもちゃを借りて帰ることができる。

**注：くわしくは４３ページの注をみてください。

***注：５、６軒で共同で食料を購入し調理するもの。知識や技術を学べるとともに、何より経済的で、仲間作りにもつながる。保健師や栄養士などが指導にあたる。

あなたはひとりぼっちじゃない

- 次の給料日まで、計画的にお金を使うようにする。
- 急な出費にそなえて、予備費を取っておく。そのお金を使ったときは、次の給料日にかならず補充しておきましょう。

- 何かお金の問題が生じたときは、次のところに相談してみましょう。
  - 社会扶助プログラム
  - ローンや融資に関するカウンセリング・プログラム
  - 保育援助プログラム
  - ペアレント・アンド・ファミリー・リソースセンター

  注：日本での窓口としては、福祉事務所、生活援護課、ひとり親相談係、場合によっては社会福祉協議会など。

あなたはひとりぼっちじゃない
他人の視線

人間は、その人が考えたいようにしかものごとを考えません。他人がその人の考え方をどうこうすることはできないのです。

たとえば、買い物に行った店で子どもがかんしゃくをおこしたとします。あなたが子どもを叱りつければ、それを見てきびしくてまじめな親だと思う人もいるでしょう。でも、子どもが虐待されていると思う人もいるかもしれません。反対にあなたが子どもがおとなしくなるまでじっと待ち、やさしい言葉をかけてやってから買い物を続けたとします。ある人はそれを見て、愛情たっぷりのやさしい親だと思うでしょう。けれども、子どものいいなりになる意志の弱い親だと思う人もいるのです。

大切なのは、あなたがどう思うかです。どんなやり方をしても、すべての人の気に入ることはありえないのです。

自分の判断を信じましょう。あなたが好意をもっている人、信頼している人にアドバイスを求め、それ以外の人のいうことは気にしないことです。

完ぺきな人間などどこにもいません。

子どもだって完ぺきではないのです。

そして、お店であなたに眉をひそめた人だって完ぺきではありません。

あなたはひとりぼっちじゃない
親との同居

親子2世帯がいっしょに暮らすというのは、めずらしいことではありません。皆が仲よくやっていければ同居はいいものですが、問題がおこることもあります。

子どもの親になってもまだ、自分の親から子ども扱いされるのは耐えがたいことです。

家族が多いと、プライバシーや自分ひとりの時間を保つことがむずかしくなります。

家族の間で、子育てやお金の使い方、もめごとの解決のしかたなどについて意見が合わないと、生活に支障が生じてきます。これらの問題について、ふだんからよく話し合う習慣をつけましょう。話し合いがつかない場合には、カウンセリングを受けるという方法もあります。次のところに相談してみるといいでしょう。

・同じような立場にいるほかのお母さんお父さん
・親戚の人
・地域の相談機関
・精神衛生専門のヘルスワーカー
・社会福祉事務所

あなたはひとりぼっちじゃない
ひとり親家庭

カナダでは、子どものいる家庭5世帯のうち1世帯が、ひとり親家庭です。シングルペアレント（ひとり親）にはいろいろな苦労がつきものですが、同じ仲間はたくさんいるのです。

シングルペアレントであろうとなかろうと、親の役割は同じです。ただ、すべてをひとりでこなさなければならないので、大変なことが多くなるのです。ひとりで無理をせず、まわりの人に力になってもらいましょう。

まわりの力を借りましょう

話し相手を見つける

あなたの悩みに耳を傾け、理解し、あなたのことを気づかってくれる人を見つけましょう。話し相手は、友人、家族、年長者、近所の人、親戚など誰でもかまいません。場合によっては、牧師、保健師、ソーシャルワーカー、カウンセラーといった人に相談する必要もあるかもしれません。地域の相談機関やシングルペアレント・サポートグループも力になってくれます。また、教会がシングルペアレントのグループの後ろ楯になっていることもあります。

注：カナダでは同じ問題を抱える者同士がグループをつくって支え合うこうした「サポートグループ」が地域に根づいています。

あなたはひとりぼっちじゃない

子どもにたいして心がけるべきこと

- なぜうちにはお父さん（お母さん）がいないのか、お父さん（お母さん）はどこでどうしているのかという質問には、たとえ子どもが何度くり返そうと、かならず答えてあげましょう。手みじかに、そして正直に答えましょう。
- 子どもと過ごす時間をできるだけつくり、たっぷり愛情をかけ、子どもの気持ちをなごませてあげましょう。次のことをくり返しいい聞かせましょう。
  - こうなったのは子どものせいではないこと
  - 親の愛情には変わりはないこと
  - 何があっても、ちゃんと大きくなるまで面倒をみるので心配はいらないこと
  - 両親がいっしょに暮らしていなくても、ほかの子と同じようにお母さんもお父さんもいること
- 子どもを甘やかさないようにしましょう。たとえ別居していても、両親が子どもの生活習慣やしつけについて話し合い、方針を決めるようにしましょう。

別れた相手への腹いせに子どもを利用しない

- 親権者である場合、相手にたいする怒りの感情から子どもに会わせないようにすることはすべきではありません。
- 別居していて子どもに面会権がある場合、子どもと会ったときは特別なことをせず、話をしたり遊んだりして過ごすのが一番です。別れた相手の悪口をいったり、おもちゃやごちそうで子どもの気を引こうとしたりしないようにしましょう。子どもにとって一番うれしいのは、あなたといっしょにいることなのです。

父親代わり、母親代わりになってくれる人を探す

男の子が父親と会う機会がほとんどなかったり、女の子が母親と会う機会がほとんどない場合には、子どもが尊敬できて、いろいろなことを教えてもらえる同性のおとなが身近にいることが必要です。祖父母やおじおば、その他の親戚の人に、そうした役割を担ってもらいましょう。

☺ ひとり親家庭の子どもも、両親と暮らしている子どもと同じようにしあわせに育つことができます。

あなたはひとりぼっちじゃない
新しいパートナー

シングルペアレントのなかには、やがて新しい相手とつきあい、新たな関係をつくる人も大勢います。

シングルペアレントは、新しい相手とのまじめなつきあいを何回もくり返すことも少なくありません。交際相手が日常生活の一部にかかわってくるようになれば、子どももその人と親しくなります。関係が終わるのは、おとなにとってつらいことですが、子どもにとっても同じようにつらいものです。

子どもの気持ちにも配慮して新しい相手とつきあえば、関係がよりスムースにいくことも多いのです。

あなたはひとりぼっちじゃない

新しいパートナーには少しずつ慣れさせる
はじめて子どもに新しい相手を紹介するのは、家の外が一番です。本格的な交際になったら、少しずつその相手を家族の一員として加えていくようにしましょう。

誰かとつきあいはじめたら、できるだけ子どもと過ごす時間を多くとる
子どもは、親の関心が自分以外の人に移ったと思うと強い嫉妬や怒りを感じます。子どもには、いつでも親から愛されているという安心感をあたえてやる必要があるのです。

デートにときどき子どもを連れていく
映画でも散歩でも、海岸に行くのでも、子どもといっしょに過ごす時をもつようにしましょう。相手との関係が長期的なものになるのなら、子どもは当然そこに含まれるのです。子どもと交際相手がおたがいを知るための時間をつくることが大切です。

子どもが安全で、守られ、愛されていると感じるためには、心から頼れる人の存在がなくてはなりません。いっしょに暮らしている親との間に、親密で愛情に満ちた関係がなくてはならないのはもちろん、いっしょに暮らしていないほうの親とも、よい関係を保つことが望ましいのです。

こうして子どもが十分な安心感をもつことができれば、両親の新しいパートナーを受け入れることもできるようになるのです。

あなたはひとりぼっちじゃない
新しい家庭をつくる

おたがいに共通点が多いシングルペアレントどうしがひかれあうというのは、よくあることです。こうした友情が再婚（または事実婚）に発展すると、次のようにさまざまな新しい人間関係が生まれます。

- 新しくパートナーとなった2人とそれぞれの相手の子どもとの関係
- 子どもとその親の新しいパートナーとの関係、新しく「きょうだい」になった子どもたちどうしの関係
- 祖父母や親戚と新しいパートナーとの関係、祖父母や親戚と新しい子どもとの関係

これらの人たちすべての気持ちや要求が受け入れられることによって、新しい家族ができあがるのです。

☺子どもが新しい家族のなかで安全で、守られ、愛されていると感じられるようになるには、時間と努力が必要です。

あなたはひとりぼっちじゃない

期待しすぎない、あせらない

新しい家族皆がおたがいに慣れ、信頼しあうようになるには、長い時間がかかります。全員がすぐに仲よくなることを期待するのはやめましょう。友だちになるまでに時間がかかるのと同じように、家族になるのにも時間が必要です。

再婚による「新しい親」は実の親の代わりにはなれないことを、よく理解しておく必要があります。別居している実の親と親密な関係をもっている子どもは、「新しい親」を受け入れると、実の親を否定してしまうことになると思いがちです。そのため、新しい親にひどい態度で接する場合があるのです。あせらずゆっくり、時間をかけて新しい関係をつくっていくように努めましょう。

子どもの気持ちに耳を傾ける

新しい家族ができることは、子どもにとって大きな変化です。引っ越しもあるでしょうし、新しい人たちといっしょに暮らすことになって、毎日の生活も変わります。新しい親からあれこれいわれるし、部屋やおもちゃを新しいきょうだいといっしょに使わなければならないこともあります。

こうした変化に慣れるのは大変なことです。子どもが自分の気持ちを打ち明けられるように配慮し、子どもの話をよく聞いてあげましょう。新しい家族との生活になじみやすくなるように、子どもの気持ちをもっていくよう努めましょう。

あなたはひとりぼっちじゃない
ストレス

ストレスは、人生に何か変化がおきたときに生じやすくなります
結婚、出産、就職、病気、離婚、失業、年若くして親になる、などがその例です。

また、自分がおかれている状況からストレスが生じることもあります
友だちや話し相手がいなくて孤立している、やることが多すぎる、お金がない、子育てで悩みをかかえている、などです。

ときどきこれらが自分の手にあまる状態になるときがあります。人生が自分の思うとおりにいかないという気持ちがからだの症状に表れるのがストレスです。

ストレスの表れ方は人によってちがいます。皮膚に湿疹ができる人もいれば、頭痛や腰痛になる人もいます。また疲労感、イライラ、不機嫌、気分の落ち込み、不安、罪悪感などに悩まされる人もいます。

Chapter 1 親

あなたはひとりぼっちじゃない
ストレスを感じたら

ストレスのまったくない人生を送る人はいません。生きることにストレスはつきものなのです。でも次のような工夫をすれば、ストレスを軽くすることはできます。

のんびりリラックスする
・ひと休みしてお茶を飲みましょう。
・子どもといっしょにお昼寝しましょう。

ストレスをためない
・話し相手を見つけましょう。あなたの話に耳を傾けてもらうことで、悩みはぐんと軽くなるはずです。パートナーや家族に話をするよう努めましょう。
・腹が立ったり気分が落ち込んだりしたら、何かからだを動かすことをしましょう。散歩に出る、大声を出す、床そうじをする、クッションを思い切りなぐる、など。

どうしてこうなったのかを考えてみる
出産や離婚といった大きな変化があると、それまでの友だちとは話が合わないと感じることもあります。あなたの悩みを理解し、共感してくれる新しい友人を見つけるように努めましょう。

自己管理に気を配る
・食事に気をつけましょう。
・からだを動かしましょう。
・お酒とタバコはひかえめに。

生活を変える工夫をする
・家事や育児をパートナーと分担しましょう。
・外に出かけて自分が楽しめることをしましょう。
・スポーツをしましょう。
・習い事をしたり講座に通ったりしましょう。
・プレイグループに参加したり、新しくつくったりしましょう。

自分ひとりの力では解決できないことは、第三者に相談する
・家族や友人、近所の人に相談してみましょう。
・地域の相談機関、社会福祉事務所、アラノン（アルコール依存症患者とその家族を支援するＮＰＯ）のようなサポートグループ、ファミリー・リソースセンター、シングルペアレント・サポートグループなどに連絡をとってみましょう。
・保健師、精神衛生ヘルスワーカー、地域のヘルスワーカーなどに相談してみましょう。

☺どんな親にも、第三者の力を借りなければならないときがあるものです。

あなたはひとりぼっちじゃない
怒り

怒りは、ストレスに対する反応のひとつです。日々の生活を乗り切る自信をなくしてしまったとき、人は怒りを感じます。

疲れてくたくた。頭痛がする。今月の家賃が払えるかどうかも心配。夕食の用意をしなければならないのに、2歳の弟が4歳のお姉ちゃんにぶたれてギャアギャア泣きはじめた。
もうがまんできない！　弟をぶってはいけないと、口がすっぱくなるほど注意しているのに。歯をくいしばり、こぶしをぎゅっと握りしめる。全身がわなわなと震え出す。もう爆発寸前。

誰にでも腹が立つことはあります。怒りは感情です。**感情は止めることはできません**。でも、怒りを感じたときにどうするかを考えることはできます。腹が立ったからといって、人を傷つけていいということはけっしてないのです。

怒りの本当の原因は、カッとなるきっかけになった出来事とは**別のところ**にあるのかもしれません。子どもが弟をぶったのは、たんなるきっかけにすぎないのです。それまであなたのなかにたまっていた感情が、それを口実にして爆発しただけなのです。

あなたはひとりぼっちじゃない
怒りのコントロール

**すぐにすること──
腹が立ったときに気をしずめる方法を探す**

- ちょっと待って。怒りを爆発させる前に大きく深呼吸をしましょう。吸って吐いて、吸って吐いて。これをゆっくり何回かくり返しましょう。
- １０までゆっくり数えます。数え終わったら、もう一度ゆっくりくり返します。
- ５６ページにも怒りを発散させる方法が紹介されているので参考にしましょう。

**長期的にすること──
暴発する前に怒りをコントロールする方法を探す**

- **自分はどんなことでカッとするかを考えましょう**。それがわかれば予測もつくし、前もって防いだり、対処法を考えたりもできます。たとえば夕食の準備中に子どもが騒ぐせいで腹が立つなら、準備を始める前にしばらく子どもの相手をしてあげる、など。
- **怒りの本当の原因は何かを考えましょう**。問題を解決するためには、何が問題なのかをつきとめる必要があります。これは簡単ではないかもしれませんし、場合によってはカウンセラーや専門家と話し合ったほうがいいかもしれません。
- **日常のストレスを減らす方法を見つけましょう**。（３３ページ参照）

怒りを爆発させてしまったら？

怒りにまかせて子どもやパートナーに当たりちらしてしまったときには、悪かったとあやまりましょう。気持ちがしずまったら、家族皆でじっくり話し合い、同じことが二度とおこらないようにするにはどうしたらいいかを考えましょう。

もし怒りのコントロールができず、しょっちゅう怒りを爆発させたり、子どもを傷つけるのではないかと心配なときは、第三者に助けを求めましょう。ホットラインなどの電話相談を利用したり、家族事業局や地域のヘルスワーカー、保健師などに電話しましょう。緊急時の連絡先は、電話帳の最初のページに載っています。

あなたはひとりぼっちじゃない
気分が落ち込んだとき

悲しいことやつらいことがあったとき、気分が落ち込んだり、孤独を感じたりするのはごくあたりまえのことです。愛する人が遠くへ行ってしまったり、だいじなもの（友人、パートナー、仕事など）を失ったとき、親しい人が病気になったり亡くなったりしたときには、誰でも悲しまずにはいられません。

悲しみから立ち直るため、あるいはそれ以上落ち込まないようにするためには、「自分の時間を大切に」（15ページ）、「自分に自信をもちましょう」（16～17ページ）、「ストレス」（32～33ページ）に書いてあることが参考になります。そのほかにも、次のようなことをしてみましょう。

・**なぜ落ち込んでいるのか、原因を考えましょう。** 自分の生活をふり返り、なぜゆううつになっているのか考えてみましょう。

・**原因がわかったら、それを解決するよう努力しましょう。** これは簡単にできることではありませんが、一歩ずつでも前進すればやがてはゴールに達することができます。一歩を踏み出すたびに、自分をほめてあげることを忘れずに。

・**自分のものの考え方を見直しましょう。** 何でも自分が悪いと考えてしまいがちな人はいるものです。自分のことでも、子どものことでも、すべて自分のせいだと思っていては、すぐに落ち込んでしまいます。何かよいことがあったときに、自分がよくやったからだと認められない人は、とくにその傾向が強いといえます。自分を責めるのはやめて、もっと自分に自信をもちましょう。

・**努めて愉快な気分になれることをしましょう。** そんな気分ではないかもしれませんが、笑えば気が晴れるものです。喜劇映画を見たり、まんがを読んだり、テレビでアニメやお笑い番組を見たりしましょう。

☺ どんなに落ち込んでも、愛する人や親しい人の思いやりと支えがあれば、ほとんどの人は悲しみを乗り越え、立ち直ることができます。

あなたはひとりぼっちじゃない
うつ病

けれども時には、どんなことをしても絶望的な気分から脱け出せないことがあります。絶望がこうじて、何もかもどうでもよく思えてきます。そんな気分になったら、うつ病のサインかもしれません。

次のような症状があるときには専門家に相談しましょう

- 何をやっても気分が晴れない
- 気分の落ち込み、罪悪感、自分など価値のない人間だという絶望感が2週間以上続く
- ゆううつと疲労感がこうじて、自分の身なりや行動、食べる物など、日常生活のほとんどのことがどうでもいいと思える
- 何をしても集中できず、頭がぼんやりしてものごとをきちんと考えられない
- 夜よく眠れない、朝起きられない、着替えるのがおっくう、外に出たくないなど、日常生活に支障がある
- 家族や友人など親しい人から遠ざかりたい気持ちになる
- 死や自殺について考えてしまう

☹ うつ病になっても、カウンセリングを受けて薬を飲めばなおすことができます。
でも放っておいては、けっしてよくなりません。
うつ状態になったら、自分のためにも子どものためにも、専門家にみてもらうことが大切です。

ひとりでかかえこまないで
まわりに助けを求めましょう

近所の人、友人、家族の助けを借りることで、子育てはぐんと楽になります。

- 職場、公園、コインランドリー、お店、教会などで、いろいろな人と話をしましょう。
- 自分の子どもよりも少し年上の子どもがいる子育ての先輩と、電話でおしゃべりしましょう。
- 近所の人に1時間ぐらい子どもを預かってもらいましょう。代わりにその人の子どもをみてあげたり、他のかたちで自分のできることをしてあげましょう。
- 小さな子どものいる家庭に電話をかけ、いっしょにプレイグループをつくらないか、もちかけてみましょう。
- ベビーシッター共同組合（加入者どうしで子どもを預け合い、料金の代わりに時間で対価分をやりとりする組織）に加入するという手もあります。
- 近くの教会、コミュニティーセンター、ファミリー・リソースセンター、学校などに、親や子どもが集まれる場を提供するように要望しましょう。
- 近くの図書館や移動図書館に、小さな子どものための「お話の時間」がないかどうか調べてみましょう。もしなければ、要望してみましょう。

☺大変なときは「助けて！」と声をあげましょう。
また、助けてくれる人がいたら素直に受け入れましょう。

ひとりでかかえこまないで

友人や家族に助けてもらうだけでは解決することのできない問題が生じたときには、専門家の力を借りる必要があります。

問題を解決するのに適切な支援が見つかるまでには、時間や労力がかかる場合もあります。支援を求めるだけでも大変なのに、あちこちに電話しなければならないとなれば、なおさらです。誰も助けてくれないというつらい気持ちになっても不思議はありません。

1．何が問題なのかをはっきりさせる
そうすれば人にきちんと説明でき、最初にどこに相談するべきかの判断もつきやすくなります。

2．まず身近な人に相談する
友人、家族、保健師、ソーシャルワーカー、牧師といった身近な人はきっと力になってくれるでしょう。どこに相談すればいいのか教えてくれるかもしれません。

3．電話相談（ホットライン）を利用する
電話帳にはたいていの場合、これらの電話番号が載っています。

4．記録をつける
次のことを記録に残しておきましょう。
- どことどこに電話をしたか
- 誰と話したか
- 相手は何といったか

5．ほかの相談先を紹介してもらう
もし電話した先で必要な支援を得られなかった場合には、他の相談先を紹介してもらいましょう。

ひとりでかかえこまないで
ファミリー・バイオレンスとは？

ファミリー・バイオレンスとは、家族やごく親密な関係の間でおこる暴力や虐待のことです。もっともファミリー・バイオレンスの被害者になりやすいのは、女性、子ども、高齢者です。

ファミリー・バイオレンスには、いろいろなかたちがあります。

- **身体的虐待**——つきとばす、こづく、たたく、なぐる、ける、首をしめる、家から閉め出す、など
- **性的虐待**——性的な行為を強要すること。性交だけでなく、無理やりさわる・さわらせるなど、あらゆる種類の性的行為を含みます
- **心理的虐待**——嫉妬、拒否、恥をかかせる、愛情を示さない、恐怖心を植えつけていうことをきかせる、追い出す・別れるなどといって脅す、子どもやペットを傷つけるといって脅す、など
- **ネグレクト**——衣食住や衛生面での世話をしない
- **経済的虐待**——金銭や財産を取り上げる、管理させない、搾取する、悪用する

児童虐待については、５２～５６ページにくわしく説明されています。

家族のなかで、おとなどうしの虐待を見た子どもは心に傷を受けます

子どもは親の行動を見て、おとなはどうふるまうべきかを学びます。ですから父親が母親に暴力をふるうのを見た子どもは、それがふつうだと思ってしまうのです。家庭のなかで虐待を見て育った子どもはおとなになったとき、虐待したり、虐待されやすい傾向があります。

ファミリー・バイオレンスは、どんな家庭にもおこる可能性があります。ひとり親の家庭か両親のいる家庭か、裕福か貧しいか、都会か地方かは関係ありません。どこでおころうと、ファミリー・バイオレンスはけっして許されないことです。家族のなかでは誰もが大切にされ、敬意をもって扱われる権利があります。

☹虐待を受けてもしかたない人などいません。
また、どんな人にも自分以外の人を虐待する権利はありません。

Chapter 1 親

ひとりでかかえこまないで
ファミリー・バイオレンスへの対処

ファミリー・バイオレンスはさまざまな原因からおこりますが、それが何であれ、ファミリー・バイオレンスを隠しておいてはいけません。何らかの手を打たないかぎり、暴力や虐待はなくならないのです。

もしあなたや、あなたの知っている人が虐待されていたら、助けを求める必要があります。 暴力をふるうパートナーや家族と別れたいときには、支援やアドバイスが必要ですし、パートナーと別れるつもりがない場合にも（そのパートナーが、暴力的な行動を変えるための訓練を受ける必要がありますが）支援は必要です。

- **信頼のおける人に相談しましょう。** もし最初に相談した人が、「暴力は許されないことで、虐待される側には何の責任もない」ということを認識していないときには、虐待について正しく理解している人を探しましょう。

- **自分の住む地域でどんな支援が受けられるか調べましょう。** 電話帳の最初に掲載されている緊急時の連絡先には、警察、女性のためのシェルター、悩み事相談のホットラインなどの番号が載っています。

- **サポートグループに入りましょう。** ファミリー・バイオレンスを経験し、立ち直った人と話をすることは大きな力になります。サポートグループはシェルターや電話相談で紹介してもらえます。

- **カウンセリングを受けましょう。** ファミリー・バイオレンスの相談を受けた経験のあるカウンセラーを選びましょう。よいカウンセラーは、あなたと子どもにとってどうするのが一番いいのかを、いっしょに考えてくれるはずです。

☹ 大切なのは、あなたとあなたの子どもの身を守ることです。
暴力をふるわれたら、警察に連絡すること。
暴力は犯罪です。虐待は違法行為です。

ひとりでかかえこまないで
アルコールや薬物には頼らない

悩みや問題をかかえているとき、アルコールや薬物に頼ることはすべきではありません。問題からのがれるどころか、ますます問題を増やす結果となってしまいます。

アルコールや薬物への依存を断ち切るには、支援が必要です。また、依存のきっかけとなった問題を解決するためにも助けが必要です。

次のところに相談しましょう

- アルコール薬物乱用センター
- アルコール薬物乱用専門のカウンセラー
- 医師、保健師
- ソーシャルワーカー
- AA（アルコール依存症から立ち直るための自助グループ）
- 牧師
- 精神科医（臨床心理士）
- 友人、家族、年長者
- 電話相談（ホットライン）

注：日本各地でも同様の活動をしているグループがあります。くわしくは巻末をみてください。

☺最初に相談したところで適切な支援を受けられるとはかぎりません。でもあきらめないこと。根気強く探しつづけましょう。

Chapter 1 親

ひとりでかかえこまないで
仲間をつくりましょう

問題をかかえて悩んでいるのは自分だけだという気持ちにおそわれることは誰にでもあるものです。そう考えると明日からの生きる気力もなくなってしまいます。

小さな子どもをもつ親なら誰でも、時として社会から切り離され、孤立しているという気持ちにおちいることがあります。ですから、親どうしが集まって話をする機会をもつことはとても大切です。また子どもも、ほかの子どもといっしょに遊び、友だちをつくるチャンスが必要です。

仲間づくりをするには、次のようないくつかの方法があります。

プレイグループ

プレイグループは、親と子どもが仲間づくりをするひとつの方法です。何組かの親子でグループをつくり、定期的に集まって、おしゃべりをしたり、遊んだりします。場所はおたがいの家をもちまわりにしてもいいし、教会やコミュニティーセンター、ファミリー・リソースセンターを利用してもいいでしょう。やろうという人がいれば、すぐに始めることができます。

注：近所の同年齢の子どもを持つ親同士でグループをつくり、それぞれの家を持ちまわりで子どもを預け合うシステム。

43

ひとりでかかえこまないで

近所の人、友人、家族の助けを借りることで、子育てはぐんと楽になります。

子育てグループ

子育てグループ（子育て講座）は、保健師、教会、幼稚園、ファミリー・リソースセンター、社会福祉局、YMCAやYWCAなどの主催で行われています。子育てグループでは、親は子育てについての話し合いや意見交換を行い、その間子どもたちはまとまって保育してもらいます。

自分の住む地域で子育てグループを見つけるには、次のような方法があります。
・保健師、社会福祉局、YMCA、YWCAなどに問い合わせる
・新聞の情報欄や地域の掲示板をチェックする
・ラジオのお知らせをチェックする
・教会や地域のグループに、子育てグループをつくてほしいと要望する

☺親どうし悩みをわかち合うことで、皆の気持ちが楽になります。

保育と託児
どんな種類があるか

カナダでは、就学前の子どもの3人に1人が、週に30時間以上、親以外の人に保育されています。

保育には大きく分けて次の4つの種類があります。

1．ベビーシッター
親が仕事に出たり外出するとき、自宅またはベビーシッターの家で子どもの世話をする。

2．保育ママ（ファミリー・デイケア）
1日あるいは昼か夜の数時間、個人の家で数人の子どもを預かる。

3．保育園
1日8時間〜10時間、子どもを預かって保育する。年齢は通常2歳以上だが、乳児を受け入れる施設もある。

4．ナースリースクールまたは幼稚園
2〜5歳の子どもを半日保育する。

ほとんどの州や準州では、保育ママ、保育園、ナースリースクールまたは幼稚園は、広さ、職員数、保育内容、衛生、安全などの面で基準にかなうかどうかを審査したうえで認可するかたちをとっています。

☺地域によっては、これらすべての種類の保育があるとはかぎりません。

保育と託児
どこに子どもを預けるか

子どもがどんな保育を受けるかは、とても大切なことです。幼い子どもは保育の場でたくさんのことを学び、成長するからです。

子どもをどこに預けるかを決めるときには、次のことを考えてみましょう。

・どんな保育が必要なのか
・どんな保育が利用できるか
・場所はどこか（交通の便はどうか）
・費用はどのぐらいかかるか（補助金は出るか）
・保育の内容はどうか
・子ども自身が気に入るかどうか

実際には、あまり選択の余地はないかもしれませんが、それぞれの保育の長所と短所をよくくらべて選ぶようにしましょう。

どこに預けるにしても、大切なのは親のいないとき、子どもが親しみをもって頼ることのできる、心のあたたかい人に世話をしてもらうということです。

Chapter 1 親

保育と託児
預け場所の探し方

ベビーシッターを見つけるには

毎日子どもの世話をしてくれるおとなのベビーシッターが必要なとき
- 友人や近所の人に、よいベビーシッターがいないか聞いてみましょう。
- 地元の新聞にベビーシッターの求人広告を出したり、求職の広告を出しているベビーシッターに連絡を取ったりしてみましょう。
- 地域の掲示板で、ベビーシッターの求職がないかチェックしましょう。

必要な時に子どもの世話をしてくれる１０代のベビーシッターがほしいとき
- 友人や近所の人に、よいベビーシッターがいないか聞いてみましょう。
- 地元の中学校や高校に問い合わせれば、ベビーシッターを希望する生徒を紹介してもらえるかもしれません。
- 地域の青年部のリーダーに問い合わせてみましょう。

注：カナダでは各地域で10代の子どもたちに対する「ベビーシッター講習」が行われていて、乳幼児をかかえる親たちの外出の際の助けになっています。

保育ママ、保育園、ナースリースクールや幼稚園を探すとき
- 友人や近所の人に、子どもを通わせている保育施設について聞いてみましょう。
- 地域のグループや団体に問い合わせてみましょう。
  - ＹＭＣＡ、ＹＷＣＡ
  - 教会
  - 幼児教育関連の団体
- 電話帳で、どんな保育施設があるか調べてみましょう。

保育と託児
ベビーシッターの選び方

どんな保育が必要かを考えながら、次の項目についてチェックしましょう

年齢──１０代の若者がいいのか、経験の豊かなおとながいいのか。

照会先──そのベビーシッターを雇ったことがある家庭に評判を聞いてみる。

人柄──その人に好意をもてるかどうか。落ち着いた、良識のある人か。子どもが好きそうか。子どもはその人を気に入っているか。

交通手段──その人は近くに住んでいるか。車で通ってくるのか、それともあなたが送り迎えするのか。

費用──料金はいくらか。それには何が含まれるか（食べ物やおむつは？　家事や洗濯は？）。

ベビーシッターの家に子どもを預けるときには、まずその家を訪ねて次の項目についてチェックしましょう

・禁煙かどうか
・清潔で、安全で、心地よい場所か
・室内や屋外に、安全な遊び場があるか
・いろいろな年齢の子どもにふさわしいおもちゃや教材があるか
・どんな食べ物を食べさせてくれるのか
・ほかにその家でいっしょに過ごす人はいるのか
・安心して預けられると思えるかどうか

保育と託児
自宅で子どもをみてもらうとき

- 事前に、ベビーシッターがくるということと、あなたがどのぐらい留守にするかを、子どもにきちんと話しておきましょう。

- ベビーシッターがきたら、子どもとひき合わせます。できれば最初に預ける前に、前もって顔合わせをしておくといいでしょう。

- あなたの居場所、連絡方法、帰宅時間をベビーシッターに伝えます。

- ベビーシッターに家のなかを案内します。
    - 出入り口
    - 子どもの寝る場所
    - 戸じまりのしかた
    - 食べ物や衣類の置き場所

- 近所の人を含め、緊急時の連絡先リストをつくっておきます。家の住所も書いておくようにしましょう。いざというときに、ベビーシッターが現在地をいえなくなる心配があるからです。

- 子どもの世話について、ベビーシッターにできるだけくわしく伝えておきましょう。紙に書いて渡しておくのも手です。
    - 好きなおもちゃや遊び、見てもいいテレビ番組
    - 外へ出てもいいかどうか。その場合、どこで遊ばせるか
    - 食べさせていいもの
    - アレルギーの有無や健康状態
    - 赤ちゃんにミルクや離乳食をやるときの方法
    - 泣き出したとき、どうすればいいか

- 帰宅したら、子どもにどんなことをしたか、ベビーシッターのことを好きかどうか聞いてみましょう。

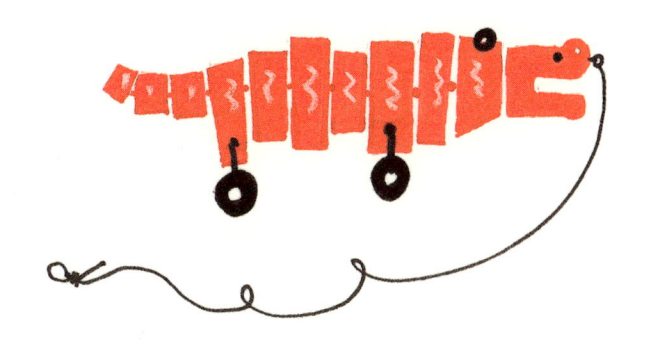

保育と託児
外に子どもを預けるとき

保育ママ、保育園、ナースリースクールまたは幼稚園を選ぶときには、次のようにしましょう。

1．電話をかける
- 子どもの年齢を伝えて、空きがあるかどうか確かめる
- 保育料その他の費用がどのぐらいかかるか聞く
- 見学の予約をする

注：各園のくわしい情報については行政の担当窓口のほか、地域のお母さんたちの手作りの情報誌も参考になるかもしれません。

2．施設を見学する
次のことを確かめましょう
- 清潔で、安全で、心地よい場所か
- 室内と屋外に、安全な遊び場があるか
- いろいろな年齢の子どもにふさわしいおもちゃや教材があるか
- 子どもたちは楽しそうか
- スタッフは落ちつきがあり、感じがいいか。保育者としての専門的な訓練を受けているか
- 保育時間は何時から何時までか
- 給食やおやつが出るのか、お弁当を持たせるのか
- 子どもの具合が悪くなったときの対応はどうか
- 親はいつでも自由に見学できるか
- 安心して預けることができそうか

子どもにも施設を見学させましょう
- 子どもは、その施設が気に入ったか
- 子どもは、スタッフになつきそうか
- スタッフは、あなたの子どもにどう接しているか

3．その施設を利用している他の親の話を聞く
保育ママ、保育園、ナースリースクールまたは幼稚園について、さらにくわしく知りたいときは、州の社会福祉局、地域の相談機関、保健局、ファミリー・リソースセンターに問い合わせてみましょう。

保育と託児
保育と託児にまつわる問題

慣れるまでは時間がかかります

幼い子どもにとって、日常生活の変化に適応するのは並大抵のことではありません。新しいベビーシッターや保育施設に慣れるまでは、少しぐらい泣いたり、赤ちゃん返りしたりするのも当然のことと覚悟しておきましょう。親があせったり、心配しすぎるのは禁物です。親子ともに、ゆっくりと時間をかけて慣れていけばいいのです。

トラブルを未然に防ぐために

トラブルを防ぐ一番の方法は、そのベビーシッターや保育施設にあなたが何を期待し、何を求めているかをはっきりさせておくことです。そのベビーシッターや施設が提供する保育の中身を正しく把握し、先方にもあなたが何を求めているかを理解してもらうことが大切です。

保育内容に不満を感じたときは──

・ベビーシッターや保育者に不満に思っていることを伝えましょう。
・ベビーシッターや保育者に言い分があれば、それを聞きましょう。
・先方にあなたのいいたいことが理解されたら、変化があるまでしばらく待ってみましょう。
・先方にあなたの期待する保育をする意思がない、あるいは能力がない場合には、新しいベビーシッターや保育施設を探したほうがいいでしょう。

児童虐待

児童虐待とは？

児童虐待とは、意図的に子どもを傷つけることです。親や保育者が、子どもを保護する者としての責任を果たさないことも児童虐待になります。

親が自分の感情や問題をどう処理していいかわからず、イライラしたり、腹を立てたり、ゆううつになるときがあります。そうした感情を子どもにぶつけてしまうと、それが児童虐待になることもあります。
家族やあなたといっしょに住んでいる人、ベビーシッター、その他の人びとが子どもを虐待することもあります。
虐待のサインが表れていないか注意し、常日頃から子どもに、あなたがいないときにどんなことがあったかを話すように促しましょう。子どもはひとりひとり皆違います。虐待を受けたときどんなふうに反応するかは、その子どもの年齢や性格、生活習慣などによって異なります。

児童虐待には4つのタイプがあります。

1．身体的虐待

子どもをたたいたり、刃物で切ったり、やけどさせたり、かみついたり、首をしめたりすることです。赤ちゃんを強くゆさぶるのも虐待です。身体的虐待を受けた子どもには、青あざ、切り傷、やけど、かみつかれた跡などが見られることがあります。

2．心理的虐待

子どもに愛情を示さないことを指します。抱っこしたり、抱きしめたり、やさしく話しかけたりしないことです。「ばかね」「悪い子だ」などのひどい言葉をあびせたり、子どもにその年齢ではまだ無理なことを要求したり、目の前で家族の誰かが虐待されるのを見せるのも、心理的虐待にあたります。

心理的虐待を受けた子どもには、次のような様子が見られる場合があります。

・予測のつかない行動をする。おとなしいかと思うと、急に乱暴になって怒り出す、など
・おどおどしている、無口で表情がない
・過剰なほどに動きが活発
・おもちゃを「虐待」する。人形をたたいたり、「悪い子だね」といったりする

児童虐待

3．性的虐待
レイプ、性的暴行、近親相姦を指します。子どもの性器にさわったり、もてあそんだり、子どもに誰かの性器をさわらせることなども性的虐待です。

性的虐待を受けた子どもには、次のような様子が見られる場合があります。
・こわい夢を見る、暗闇を恐れる、ひとりで寝るのをこわがる、寝るのをこわがる
・とつぜん、ふだんとまったく違うふるまい方をする
・性器やその周辺が腫れたり、傷ついている
・膣や肛門から分泌物や液体が出る
・性的な行動をする。他の子どもに性的な遊びを強制したり、自分より年上あるいは年下の子どもと性的な遊びをしようとしたりする

子どもを性的虐待から守るために、次のことを教えましょう。
・自分のからだの「だいじな場所」──水着を着たときにかくれる部分──について
・「いい」さわり方と「悪い」さわり方があることについて
・誰かに「だいじな場所」をさわられたり、誰かの「だいじな場所」をさわるようにいわれたら、かならず親に話さなければいけないこと
・「秘密」のなかには、すぐに話さなければいけない秘密があること

4．ネグレクト（養育放棄）
子どもの健全な成長に必要な世話をしてやらないことです。衣服や食べ物、住まい、愛情、清潔さ、医療などが欠けていることを指します。

ネグレクトされた子どもには、次のような様子が見られる場合があります。
・成長や発達に遅れがある
・疲れている、空腹、汚れている
・どんなことにも無関心

児童虐待
子どもが性的な虐待を受けているといったら

自分の子どもが性的虐待を受けていると思いたい親など、どこにもいません。でも万が一、子どもから性的虐待を受けていると打ち明けられたときには、次のことを心がけましょう

- **子どものいうことをよく聞くこと。** 子どもの言葉で話させるようにし、けっして口をはさんだり、親がいいかえたりしないようにしましょう。そのことを親に話してよかったのだと、子どもにわからせてあげるようにしましょう。

- **子どもに「あなたは悪くない」とわからせること。** 悪いのは相手の人だとよくいって聞かせましょう。怒りがこみあげたり、気持ちが動揺しても、けっして子どもに対して怒っているのではないことを、わからせてあげましょう。

- **子どもの感情を受け入れること。** 子どもは怒りや恐怖、悲しみ、不安などの感情をかかえているはずです。それはあたりまえのことだとよくいい聞かせ、しっかり守ってあげるから大丈夫だといってあげましょう。

- **通報すること。** 児童虐待は法律に違反する行為です。児童福祉関係の行政機関、警察、または次のページのリストにある機関に、すみやかに虐待を通報しましょう。また子どもが心の傷から立ち直れるように、カウンセラーを探すことも必要かもしれません。

☺どんなときでも、子どもを信じてあげましょう。

児童虐待
子どもが虐待されていると思ったら

もし、あなたのまわりに虐待や養育放棄をされていることが疑われる子どもがいたら、ただちにそのことを届け出て、子どもを助けてあげる必要があります。住んでいる地域にもよりますが、届け出ることのできる機関には次のようなものがあります。

- 児童支援協会
- 児童福祉関係の行政機関
- 地域のサービスセンター
- 社会福祉局
- 保健師
- 地域のヘルスワーカー
- 警察

注：日本では児童相談所が窓口。電話相談などくわしくは巻末を。

児童虐待を通報する目的は、子どもを守ることです。それなりの理由にもとづいて虐待の通報をし、後でまちがいであることがわかったとしても、それによってあなたに不利益が及ぶことにはなりません。

児童虐待
子どもを虐待しそうになったら

もし怒りがこみあげてきて、子どもを傷つけてしまうかもしれないと思ったときには、次のようにしましょう。

・**その場を離れる**。すぐに部屋から出ましょう。子どもを傷つけることにくらべれば、少しの間子どもを放っておいてもたいしたことではありません。

・**感情を発散する**。子どもをぶったり、たたいたりすることは絶対にしてはいけません。誰も傷つけずに感情を発散する方法を見つけましょう。走ったり、飛びはねたり、叫んだり、クッションをたたいたりと、方法はいろいろあります。腹が立ったりイライラするのは、誰にでもあることです。だいじなのは、その処理のしかたをまちがえないことです。

・**誰かに助けを求める**。友だちや家族、親戚、子育てホットライン、病院の救急処置室、ペアレンツ・アノニマス、社会福祉局、シングルペアレント・サポートセンター、保健師、親戚、聖職者など、あなたを助けてくれそうな人やどこで支援を得られるかを知っていると思われる人に連絡しましょう。

☺子どもを傷つけてしまう前に自分の問題を解決しましょう。

子育ては助け合いながら

誰かを助けてあげれば、それによって自分も助けてもらえる、ということがあります。たとえば小さな子どものいる近所の人に、「お宅の子どもをみてあげるから、うちの子どももみてくれない？」と声をかければ、あなたも近所の人も外出できるようになり、おたがいに助かるはずです。

なかには、どうやってお返しすればいいかわからない、あるいは人に借りをつくりたくない、という理由で、助け合いをしたがらない人もいます。直接お礼ができなくても、誰か別の人にお返しをするようにしてはどうでしょうか。

たとえば子どもがお店でかんしゃくをおこしたときに、あなたが子どもをなだめている間、誰かが買い物カートを見はっていてくれたとしましょう。その人に直接お返しをすることはできません。でも泣き叫ぶ子どもに手を焼いているほかのお母さんに、同じことをしてあげることはできます。

誰かに手を貸し、また誰かに助けてもらうたびに、あなたの世界とその人の世界は少しだけ広がり、明るくなるのです。

chapter 2 BEHAVIOUR
しつけ

完璧な親なんていない！

子どもとしつけ

BEHAVIOUR

「うちの子、ほんとに手に負えないの！
どんなに大変か、
一度うちに来て、見てほしいわ」

「その気持ち、よくわかるわ。
でも、いまはそういう時期なのよ。
時期が過ぎればおさまるわよ」

Chapter 2 しつけ

子どもとしつけ

「うちの子どもたち、
まるで犬ころみたいに
けんかばっかりなんだ」

「君はどうしてるんだい?
止めに入るの?
それともそのまま
最後までやらせるのかい?」

☺ 親は子どもの行動にどう対応してよいか、迷うことがあります。

愛情と甘やかしは違う

愛情を示すことと、甘やかすことは違います。子どもが必要としているものをあたえることは、甘やかしではありません。赤ちゃんが夜泣くのは、ミルクがほしかったり、親にかまってもらいたいからです。そんなとき、すぐに赤ちゃんの要求を満たしてあげるのは、甘やかしではありません。

子どもは自分の思いどおりにならないと、たまったうっぷんを晴らそうとしてかんしゃくをおこします。そんなとき、子どものいいなりになるのは甘やかしです。子どもがうまく機嫌を直せるよう手助けしてやれば、それは甘やかしにはなりません。

親自身が納得して物やごほうびをあたえれば、子どもを甘やかすことにはなりません。

もし親が子どものわがままに負けて、ほんとうはあたえるべきではないと思う物やごほうびをあたえてしまうのは、甘やかしにつながります。

☺甘やかされた子どもは、たとえ自分のほしいものが
すべて手に入ったとしても、けっして満足することはありません。

上手なしつけのしかた

Chapter 2 しつけ

たたいたり、どなったり、がみがみいったり、甘やかしたりしなくても、子どもをしつけることはできます。それにはまず、年齢によってできることとできないことがあることを理解する必要があります。2歳児に5歳児と同じようにふるまうことを求めても、無理というものです。また、できるだけ子どもに話をするようにこころがけ、子どものいうことにも注意深く耳をかたむけてあげることが大切です。

上手なしつけのポイントをあげてみましょう。

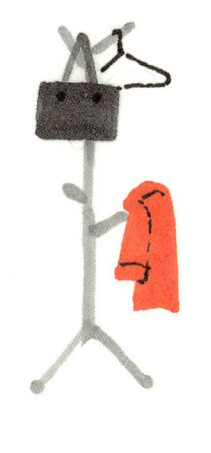

・成長に合わせたしつけをする
・いい子にしていたらすぐほめる
・おとなを困らせる行動にはとりあわない
・よい見本を示す
・しつけをしやすくする工夫をする
・ルールをつくり、折にふれてくり返す
・自分のやったことの結果をわからせる

子どもがよいふるまいをしたら、すぐにほめてあげましょう。よくないことをしたときだけしかるというのは、効果的な方法ではありません。

「自分でコートをかけられて、えらかったね」

☺子どもはほめられることによって、よいふるまい方を学んでいきます。

上手なしつけのしかた
成長に合わせたしつけをする

子どもがどのくらい行儀よくできるかは、年齢によって変わっていきます。たいがいのしつけは子どもの年齢にかかわらず行うことはできますが、ルールを理解しそれにしたがうことができるようになるのは、たいていの子どもの場合、3歳になってからです。

誕生－1歳
赤ちゃんは自分の気分や欲求を感じることはできますが、人の気持ちを理解することはできません。この時期の子どもにルールをつくって守らせようとしても無駄です。赤ちゃんは、それを理解することも、守ることもできないのです。

1歳－2歳
この時期の子どもは、親の言葉や指示をだいぶ理解できるようになります。けれども、何をいわれているのかはわかっても、それにしたがうことはできません。この時期の子どもは何かにつけて「イヤ！」を連発しますが、親は忍耐づよくかまえることが必要です。同じことを何度もくり返しいい聞かせ、見本を示してあげることが大切です。

上手なしつけのしかた

2歳—3歳

この時期の子どもは、自分の意思をかなり上手に伝えられるようなり、相手のいっていることもよく理解できるようになります。けれどもまだ、親にいわれたことをしたり、指示にしたがうことは十分にはできません。また、ほかの子どもとおもちゃをいっしょに使ったり、協力したり、仲よく遊んだりするには、親の助けが必要です。2歳半くらいの子どもは、いばったり、わがままや気まぐれにふるまうことが多く、集団遊びがうまくできないこともしばしばあります。

3歳—5歳

幼稚園に通うころになると、子どもは（気分に左右されることも多いのですが）簡単なルールを守れるようになります。この時期の子どもの行動には、大きな振幅がみられます。

落ちついてほかの子どもと協力することができるようになる反面、ルールをわざと破って親に反抗することもあります。たいがいの子どもは、他人の気持ちを理解できるようになります。正しく、公平なふるまいをしたいという気持ちがめざめるので、親は子どもに何が正しいことなのかを教える必要があります。また、子どもが何かまちがったことをしたときには、どこがどうしてまちがいなのかを話し、次からはどうしたらよいかを子どもに考えさせることが必要です。親が子どもにどんな子どもになってほしいかを、きちんと言葉にして伝えることが大切です。

☺ しつけには時間がかかり、何度もくり返すことが必要です。
はじめから何でも上手にできる子どもなどいないのです。

上手なしつけのしかた
いい子にしていたらすぐほめる

悪いことをしたときだけ子どもにかまっていると、子どもは親の注意を引くには悪いことをすればよいと思ってしまいます。

いい子にしているときにかまってやり、ほめてあげると、子どもはいい子にして親の注意を引こうとするようになります。

☺ いい子にしているときにほめるのが、しつけのコツ。

Chapter 2 しつけ

上手なしつけのしかた
おとなを困らせる行動にはとりあわない

子どもがだだをこねたり、おとなのじゃまをしたりすると、ほんとうにイライラするものです。そんなときにかまってしまうと、子どもはいつまでもそうした行動をやめません。
おとなを困らせる行動には、とりあわないのが一番です。そして、そう決めたら例外をつくらないことが大切です。

かまうのをやめると、しばらくの間、こうした子どもの行動はますます**エスカレート**します。でも、そこであきらめてはいけません。そのうちに必ずおさまります。

子どもがいい子にしたらすぐにほめるようにすると、効果はさらに上がります。

「パパ！」

「パパ、パパ！」

「静かに待っててくれてありがとうね」

**いくら大きな声を出してもだめだったな。
でも静かに待ってたら、うまくいったよ。**

上手なしつけのしかた
よい見本を示す

子どもはまわりの人、とくに親のすることを見てものごとを学んでいきます。子どもはおとなのよい行動だけでなく、悪い行動もそっくりそのまままねてしまうのです。

・子どもに礼儀正しくなってほしければ、親がすすんで「〜してください」とか「ありがとう」をいいましょう。

・子どもに人に親切にすることや、人に物を使わせてあげることを教えたければ、あなた自身が人を助け、人に物を使わせてあげるように心がけましょう。

「ありがとう」

☺ 子どもは親のすることをまねして育ちます。

Chapter 2 しつけ

上手なしつけのしかた
しつけをしやすくする工夫をする

行動を変えさせるための工夫

・やってほしくないことを子どもがしたら、ほかのものをあたえて注意をそらしましょう。これはとくに幼い子どもに効果的な方法です。

・子どものしていること自体は悪くなくても、する場所や使う道具がまちがっている場合には、場所や道具を変えてあげましょう。きちんと理由も説明すること。

上手なしつけのしかた
しつけをしやすくする工夫をする

まわりの環境にたいする工夫

・子どもが楽しくなれるように工夫する

・していい場所といけない場所をはっきりと決める

・親がしつけたいことを子どもがしやすいように環境をととのえる

☺むやみに「いけません」というより、
やってほしくないことはできないようにすることが大切です。

Chapter 20 しつけ

上手なしつけのしかた
ルールをつくる

ルールをつくり、それを守らせることはしつけにおいてとても重要です。ルールがあり、何がどこまで許されるのかがはっきりしていることは、子どもに安心感をあたえます。

ルールをつくるときのポイント

1．ルールが理解できる年齢になっているか
2．次のことをわかりやすく説明し、折にふれてくり返す
    ・していいこと
    ・してはいけないこと
    ・それはなぜか
3．ルールの数はできるだけ少なくする
4．ルールを決めたら例外をつくらない
5．子どものまわりにいるほかのおとなにも、ルールについて知らせる

☺子どもは自分が理解したルールしか守ることはできません。

上手なしつけのしかた
自分のやったことの結果をわからせる

自分がしたことの結果がどうなるかを、はっきりわからせましょう。

パパが「ごはんを食べない子には、クッキーはなしだよ」といったら、ほんとうにクッキーはもらえないんだ、**と子どもは学びます。**

おもちゃの取りあいをしたら、もうそのおもちゃで遊ばせてもらえなくなるんだ、**と子どもは学びます。**

Chapter 2 しつけ

子どもが悪さをしたときは
もう頭がおかしくなりそう！

子どものしつけは、親にとってもっとも大変な仕事のひとつです。

子どもが悪さをする原因には、次のようなものが考えられます。
・それがいけないことだとわかる年齢になっていない
・眠い、さびしい、退屈している、過度の興奮、具合が悪い、欲求不満などのため
・どこまでなら許されるのかを試そうとしている
・子どもらしくしているだけ

☺ どんなにちゃんとしつけているつもりでも、
子どもは時として親を困らせることをするものです。

子どもが悪さをしたときは
「タイム」

子どもが悪さをしたとき、親はなかなか冷静で理性的な態度をとれないことがあります。

腹が立つあまり、どう対応したらいいか考えられないこともあるかもしれません。

また子どものほうも、感情が高ぶっていて親に何をいわれているのかきちんと受けとめられないことがあります。

「タイム」とは、そんなときに親子がたがいに頭を冷やす時間をもつための方法です。「タイム」とは、子どもを決められた場所にひとりで座らせることをいいます。この方法がもっとも適しているのは、3歳以上の子どもです。

子どもが悪さをしたときは

どんなときに「タイム」をすればいいのでしょうか。

問題の行動を止めるため
たとえば子どもがけんかを始めたとき、「タイム」といって両者を離し、別べつにイスに座らせます。しばらくすると心が静まり、またいっしょに遊べるようになります。

子どもの気分を変えるため
子どもがはしゃぎすぎたり、あばれたりして手に負えなくなりそうになったとき、「タイム」を行います。子どもの気持ちが少し落ちついたら、粘土遊びや本の読みきかせなど、別のことをさせるようにします。

子どもに自分の気持ちをコントロールさせるため
子ども自身が、怒りをもてあましたり、興奮しすぎた様子がみられたとき、気分が落ちつくまで静かに座らせます。小さい子どもの場合は、親のひざの上に座らせてやり、愛情を示し安心感をあたえるようにしてもいいでしょう。

「タイム」は、親であるあなたが冷静になるためにも使える方法です。腹が立つあまり、あとで後悔するようなことをいったりしたりしそうになったとき、ためしてみましょう。しばらくひとりになって気持ちがしずまるのを待ちます。（ストレスや怒りのコントロールについては、「1　親」の章を参照のこと）

子どもが悪さをしたときは
子どもをたたいてはだめ？

どんなに腹が立っても、子どもをたたくことは禁物です。たたくことは望ましくないばかりか、何の効果もありません。

子どもをたたいてしつけようとすると、子どもは親の前ではいい子にしていますが、親が目を離したとたんにまた悪いことをしはじめます。

たたくことで、よいしつけはできません。

たたかれると、子どもたちは──
- 相手が自分の思うとおりにならないとき、たたいていいのだと思ってしまいます。
- からだの大きい者は、小さい者をたたいてもいいのだと思ってしまいます。
- 自分をたたいた人を、こわがったりきらいになったりします。
- おとなをこわがるようになります。

☺ たたくことには一見ききめがあるように思えますが、長い目でみると、効果よりも害のほうが大きいのです。

Chapter 2 しつけ

子どもが悪さをしたときは
問題を解決するには

子どもが困った行動をしたときには、問題を解決するつもりで、順序よく考えていくことが大切です。

問題解決のための4つのステップ

1．どうしたのか？
2．なぜそうなる（する）のか？
3．どうしたらいいのか？
4．それでもうまくいかないときは？

このステップを追うことで、子どもがどうしてそんなことをするのか、それに対して親はどうしたらいいのかをきちんと考えることができます。

しつけの悩みあれこれ

落ちつきがない

どうしたのか？

落ちつきがなく、片時もじっとしていることがありません。朝から晩まで休むひまなく動き回るので、くたびれはててしまいます。

なぜそうなるのか？

ほとんどの子どもは、元気一杯で活発に動き回るものです。おとなはそのエネルギーについていけないのがふつうです。そこで多くの親がつい、この子はどこかに問題があるのではと心配してしまうのです。ほんとうに問題があるかどうかを判断するには、ほかの子どもと遊んでいるときの様子を見るのが一番です。ほかの子とくらべても、きわだって落ちつきがないでしょうか？

どんなときにとくに落ちつきがなくなるかを見ることも大切です。弟や妹が生まれたときや、引っ越しをしたときなど、ストレスが原因で落ちつきがなくなることがあります。ある特定の食べ物を食べたときや、一日のうち、ある時間帯に落ちつきがなくなるという子どももいます。また、それがその子どもの生まれつきの性格という場合もあるのです。

どうしたらいいのか？

・**愛情をたっぷり注いで、子どもに安心感をあたえましょう。**
動き回っている子どもをつかまえて抱きしめたり、「大好きよ」などの言葉をかけるのは大変かもしれませんが、自分は愛され、大事にされていると感じさせることはどの子にとっても大切です。できるかぎりからだに触れたり、抱きしめたりして愛情を示してあげましょう。近くに来たときに肩をなでたり、電話中に寄ってきたら、しばらくひざの上でだっこしてあげるなど、ちょっとした努力でいいのです。

・**規則正しい生活をしましょう。**
朝食、昼食、おやつ、昼寝、遊びなどを毎日決まった時間にするようにすると、子どもは安心感をもち、安定します。

・**家の中でも外でも、活発にからだを動かさせましょう。**
元気旺盛な子どもをおとなしくさせることはできません。走り回ったり、思いきり動き回っても安全な場所で遊ばせ、子どもがけがをしたり、他人を傷つけたりしないようにすることが大切です。走る、跳ぶ、よじ登る、水をはねる、ひっぱる、踊る、投げる――子どもが好きなことを何でもできるよう、安全な場所で自由に遊ばせてあげましょう。その際、おとながつねに目を離さないことも大切です。

しつけの悩みあれこれ

・子どもに話しかけるときは、子どもがこちらに注意を向けていることを確かめてからにしましょう。
落ちつきのない子どもはたえず駆けまわっているので、なかなか親の話をちゃんと聞いてくれません。話をするときには、まず子どもの注意をこちらに向けることが大切です。また、一回だけでなくくり返していうことも大切です。たとえば「台所で走ってはいけない」というルールを徹底させたいとき、走っている子どもにほかの部屋から「やめなさい！」と声をかけるだけでは効果はありません。そばに行って子どもをやさしく抱きしめ、こちらに注意を向けてから、「台所で走るのはだめだったでしょう。ろうかならいいけど、台所はだめよ」などといった言葉をかけましょう。

それでもうまくいかないときは？

同年齢の子どもとくらべて明らかに違うと思われるときは、専門家に相談しましょう。
・ほかの子どもとくらべてとくに注意が散漫な場合
・簡単な指示でも守ることができず、人の話をまったく聞いていないようにみえる場合
・ほかの子どもとくらべてとくにじっとしていることが不得意で、夜もなかなか眠りにつけない場合
・怒る、わがままをいう、イライラする、向こうみずな行動をするなどがひんぱんにみられる場合

どこに相談したらいいかは「1　親」の章を参照のこと。または医師や保健師その他の専門家に相談しましょう。

しつけの悩みあれこれ
乱暴な子ども

どうしたのか？

子どもが乱暴で困っています。友だちをたたいたり押したり、おもちゃを取りあげたりするので、かならずだれかが泣いたり、わめいたり、けんかになったりしてしまいます。

なぜそうなるのか？

- 小さい子どもは、自分の思いどおりにならないとカッとして怒ったりします。子どもによっては、ほかにどうしていいかわからないために、人をたたいたり押したりかんだりしてしまうのです。
- 子どもが他人の気持ちを思いやり、自分の行動が人に影響をあたえることを理解するようになるまで、また考えてから行動することができるようになるまでには、時間がかかるものです。
- 自分のからだを思うとおりに動かせない子どももいます。たとえば、ほんとうは友だちのおもちゃを取ろうとしたのに、結果的に自分の意思とは関係なく友だちをたたいてしまう、ということもあります。
- 子どもは、空腹時や疲れているとき、ストレスを感じているとき、具合が悪いときなどに乱暴な行動をすることがよくあります。
- 子どもは周囲に乱暴な人がいたり、暴力シーンのあるテレビ番組やビデオを見たことに影響されて乱暴になることもあります。

しつけの悩みあれこれ

どうしたらいいのか？

- 子どもにたっぷりと愛情をそそぎ、安心感をもたせてあげましょう。
- していいことと悪いことの区別をはっきりさせ、その時々でいうことを変えないようにしましょう。
- よい見本を示しましょう。けっしてどなったりたたいたりしないこと。人をたたく以外にも、自分の思っていることを表す方法にはいろいろあるのだということを示してあげましょう。子どもとじっくり話をして、感情のままに動くのではなくその前に考えることを学ばせましょう。
- 「○○ごっこ」やお芝居のまねごとをふだんの生活に積極的に取り入れ、実際に行動に移さなくても、頭の中でいろいろなことが想像できることを体験させましょう。
- 友だちと遊ぶのは、空腹時や疲れているとき、ストレスを感じているときにならないよう時間を工夫しましょう。食事やおやつの時間を決めるなど規則正しい生活をし、毎日十分な睡眠をとらせましょう。
- 食事や着がえ、友だちとの遊びなどに関する子どもの能力を伸ばすようつとめ、ストレスやイライラの原因をできるだけとり除くようにしましょう。
- 子どもの様子にいつも注意して、乱暴なことをしたらいつでも止めに入るようにしましょう。
- 暴力シーンのあるテレビ番組やビデオは見せないようにしましょう。

それでもうまくいかないときは？

場合によっては、この子にはもうお手上げだと思えることもあります。いくつか問題があるどころではなく、ありとあらゆる問題をもっているように思えてしまうのです。友だちをたたく、かみつく、けんかする、泣く、かんしゃくを起こす。ただ「いや」というのではなく、「いやだぁ！」と大声でわめく。いつもイライラし怒っていて、友だちを痛い目にあわせても平気な顔をしている。親が何をいおうと、どこふく風……。

こうした状態の子どもを扱うのは容易ではありませんから、まわりの助けを借りることも必要でしょう。くわしくは「1　親」の章を参照のこと。または医師や保健師その他の専門家に相談しましょう。

BEHAVIOUR

しつけの悩みあれこれ
なかなか寝ない

どうしたのか？

夜、ひとりで寝にいくのをいやがります。いったんベッドに入ってもまた親を呼んだり、泣いたり、起きてきたりしてしまいます。

なぜそうなるのか？

子どもはしばしば、ひとりになることをこわがります。お母さんやお父さんが見えなくなると、そのままずっと戻ってこないのではないかと不安になるのです。

悪いことをしたときに、ベッドに入って寝させることを習慣にしていると、子どもはベッドに入ることをおしおきだと思ってしまいます。

必要な睡眠時間には個人差がありますし、おとなしく寝るかどうかも子どもによってちがいます。

どうしたらいいのか？

・**夜、疲れてぐっすり眠れるよう、昼間のうちに十分外で遊ばせるようにしましょう。**
寝る前には、静かな遊びをしましょう。

・**寝る時間をきちんと決めましょう。**
時間は、十分な睡眠がとれるように考えて決めましょう。

・**寝る前にすることを習慣づけるのもよい考えです。**
毎晩、寝る前には同じことを同じ順序でさせるようにしましょう。

　　－寝る時間が近づいたら、子どもに声をかける
　　－顔や手を洗い、歯をみがき、トイレに行く
　　－ベッドに入れてふとんをかけてあげる
　　－お話をしてあげる
　　－おやすみのキスをする

・**寝ることが楽しくなるように工夫する。**
ベッドは暖かく、居心地よく整え、ぬいぐるみなどを置いてあげましょう。子どもがまだ眠くないといったら、しばらくの間ベッドの中で静かに遊ばせてあげましょう。

注：欧米では住宅事情が異なり、また、まず夫婦関係を大事にするという考えから、乳幼児であっても別室で寝かせるのが一般的です。その点、添い寝をする家庭が多い日本とは状況が異なりますが、「寝かしつけ方の工夫」という点では参考になるでしょう。

しつけの悩みあれこれ

・ベッドから出てきてしまったら——
・そのまま起きていることを許さない（例外はつくらないこと）。
・静かにまたベッドに連れもどしましょう。
・子どもが安心するような短い言葉をかけてあげましょう。たとえば「ママはここにいるからね。○○ちゃんが大好きよ。でも、もう寝ましょうね。おやすみ」など。
・ベッドから出るのが楽しいと思わせるようなことは何もしないこと。ベッドに連れもどすときに、ほほえみかけたり、話しかけたり、笑ったりすることも禁物です。

・ベッドに入れた後で、親を呼んだり、泣いたりするときは——
・すぐにそばに行ってあげましょう。
・子どもが安心するような短い言葉をかけてあげましょう。たとえば「ママはここにいるからね。○○ちゃんが大好きよ。でも、もう寝ましょうね。おやすみ」など。
・抱きあげたり、しかったりしない。
・泣いたら、毎回同じことをくり返します。はじめのうちは何度もそばに行くことになるかもしれませんが、やがて泣かなくなるはずです。

それでもうまくいかないときは？

上の方法を根気よく続けましょう。呼ばれたときは必ず行ってあげます。ただし、そばにいるのはほんのわずかだけにし、子どもが喜ぶようなことはいっさいしないことです。

しつけの悩みあれこれ
おねしょ

どうしたのか？

昼間はちゃんとトイレに行けるのに、夜になるとおねしょをしてしまいます。

なぜそうなるのか？

おむつが取れても、夜のおねしょをしなくなるまでには長い時間がかかるものです。

どうしたらいいのか？

- 心配はいりません。子どもは7歳くらいまではおねしょをするものです。3歳を過ぎても、夜のおむつが取れないという子は少なくありません。
- 気にせずゆったりとかまえることです。子どもには、もう少し大きくなって膀胱が大きくなれば、おねしょもしなくなるからね、といってあげましょう。寝る前に飲み物をほしがったら、水をほんの少しだけ飲ませます。
- マットレスにビニールをしき、ふとんには洗濯のしやすいカバーをかけましょう。そうすれば親も子も、おねしょを気にせずにすみます。
- 夜、子どもが起きてトイレに行くようなら、いっしょについて行ってあげましょう。トイレの電気をつけたままにしておくのも、いいかもしれません。

しつけの悩みあれこれ

どうしたのか？

今までおねしょをしなかったのに、またおねしょをするようになってしまいました。

なぜそうなるのか？

子どもは精神的に不安定になったり、ストレスを受けたりすると、しなくなっていたおねしょがまた始まる場合があります。たとえば——

- 弟や妹が生まれたとき
- 具合が悪いとき
- 家庭内にごたごたがあるとき
- 引っ越しをしたとき
- 親から離れているとき
- ベビーシッターや預けられる場所が変わったとき

どうしたらいいのか？

- 子どもと過ごす時間をふやし、かまってあげましょう。子どものことを大事に思っていることを伝え、愛されていると子どもが感じられるようにしましょう。おねしょをされて困る、というそぶりは見せないように。そのうち自然にしなくなるからだいじょうぶ、という態度で接することです。

それでもうまくいかないときは？

おねしょがいつまでも続くようなら、医師の診察を受け、どこか悪いところがないか調べてもらいましょう。

☺ 子どもがおねしょをしても、しからないようにしましょう。

しつけの悩みあれこれ
人にかみつく

どうしたのか？

人にかみつくので困っています。

なぜそうするのか？

人にかみつく原因には、怒り、イライラ、欲求不満などがあります。また、おとなの注意を引くためにかみつく場合もあります。

どうしたらいいのか？

かまれても、絶対にこちらからはかまないこと。子どもに、大きくなったら人をかんでもいいのだという間違った考えをうえつけてしまいます。

子どもが人にかみついたら
1. やさしく抱きあげ、「人をかんではだめよ。かまれたら痛いでしょ」とおだやかにさとします。
2. かみついたら、毎回1をくり返します。

それでもうまくいかないときは？

4歳を過ぎてもまだ人にかみつくようなら、医師や保健師、その他の専門家に相談してみましょう。

しつけの悩みあれこれ
後追い

どうしたのか？

子どもを置いていこうとすると、親にしがみついて泣きます。人見知りもひどいし、困っています。

なぜそうするのか？

- 子どもにとって親はかけがえのない大切な存在です。赤ちゃんや小さな子どもはお母さんやお父さんにそばにいてほしいとき、見知らぬ人がいて不安を感じたとき、しがみついたり後追いしたりします。
- もう少し大きな子どもでも、不安になったり、気持ちが動揺すると、親にしがみついてくることがあります。

どうしたらいいのか？

- **気長にかまえましょう。**どの子にもそうした時期はあるものです。
- **気づかれないようにそっと出かけるのは逆効果です。**かならず「すぐ帰るからね」などと声をかけて出かけるようにすれば、子どもも親のことばを信頼して待っていられるようになります。
- **誰かひとり（少なくとも）、お子さんがよく慣れたおとなの人をつくりましょう。**そうすれば、親がいなくなっても子どもは大きな不安を感じずにすみます。

それでもうまくいかないときは？

後追いはだいたい2歳ごろにはなくなりますが、もう少し大きくなっても一時的に後追いをすることがあります。そんなときは、できるだけたくさんほめてやり、たっぷり愛情を示して子どもを安心させてあげましょう。

しつけの悩みあれこれ
泣く（赤ちゃんの場合）

どうしたのか？

赤ちゃんは泣くのがあたりまえですが、なぜ泣くのですか？　泣いたとき、親はどうすればいいのか教えてください。

なぜそうなるのか？

赤ちゃんにとって、泣くのは何かを求めていることを知らせる方法のひとつです。赤ちゃんが泣くのには、かならず理由があります。

よくある理由

- 空腹
- 苦痛
- 寒さ
- 大きい音や強い刺激
- 不安や恐怖
- 孤独
- コリック（「5　からだ」２２３ページ参照）
- 歯が生えてきた

赤ちゃんはひとりひとり、皆違います。よく泣く子もいれば、そうでない子もいます。よく泣くからといって、わざと泣いているわけでも、親を困らせようとしているわけでもないのです。泣かせたまま放っておくのは禁物です。抱いたからといって、赤ちゃんを甘やかすことにはなりません。

しつけの悩みあれこれ

Chapter 20 しつけ

どうしたらいいのか？

- 泣き出したら、なるべくすぐ赤ちゃんのそばに行ってあげましょう。あまり泣かせすぎると、なかなか泣きやまなくなってしまいます。
- 赤ちゃんが何を求めているかがわかったら、すぐに欲求を満たしてあげましょう。たとえば歯がはえてきたのが原因のようなら、冷たくした歯がためをかませてあげましょう。
- 泣きやませるために、こんな方法をためしてみましょう。
    - 毛布でくるむ
    - からだをぴったりつけて抱く
    - 散歩につれて行く
    - からだをやさしくゆすってあげる
    - 話しかける
    - 歌をうたってあげる
    - おっぱいを飲ませる

それでもうまくいかないときは？

- 赤ちゃんがどうやっても泣きやまないように思えることもあります。そんなときでも冷静さを失わず、根気よく泣きやませる努力を続けましょう。
- 一日中泣いていたり、反対にまったく泣かないときは、医師の診察を受けましょう。
- 赤ちゃんに泣かれることで極度にイライラするようなら、親しい友人や親戚に電話をして、力になってもらいましょう。どんなに腹が立っても、けっして赤ちゃんを強くゆさぶったりしないこと。
- もしあまり感情が高ぶって、赤ちゃんを痛めつけてしまうかもしれないと思ったら、赤ちゃんをベッドなどの安全な場所に寝かせ、部屋を出ます。「タイム」を行って気持ちをしずめ、信頼できる人に電話をして助けを求めましょう。くわしくは「1　親」の章を参照のこと。または医師や保健師その他の専門家に相談しましょう。

しつけの悩みあれこれ
食事を食べない

どうしたのか？

食事中、食べ物で遊んだり、床に落としたりするばかりで、ちっとも食べてくれません。食事の時間はまるで戦争です。

なぜそうなるのか？

- 1〜2歳の時期には、子どもの必要とする食べ物の量は、それ以前とくらべてむしろ減ります。
- 1〜2歳は、いろいろな物の感触や、物を混ぜたり、こぼしたり、つぶしたりするとどうなるのかを学ぶ時期でもあります。食べ物はこの時期の子どもにとって、おもしろくてたまらない遊び道具なのです。
- 子どもは食事の時間にいたずらすると、おとなの気を引くことができることをよく知っています。

どうしたらいいのか？

- あまり気にしないで。子どもは飢え死にすることはありません。おなかがすけば食べると思って待ちましょう。
- 食べ物は食べやすいように小さく切って、少しずつ皿によそうこと。
- たとえ散らかしても、なるべく自分で食べるようにしむけましょう。ハイチェアーの下に新聞紙などを敷いておけば、後片づけが楽です。
- もうおなかがいっぱいかどうかは、子どもに決めさせましょう。
- 食べ物をごほうびやおしおきの手段にしないこと。しつけには、ほめたりかまってやったりするほうが、ずっと効果的です。
- 食事と食事の間におなかがすくようなら、何もつけないパン、クラッカー、チーズ、くだものなどをあたえましょう。

それでもうまくいかないときは？

体重が減る、いつも元気がない、背が伸びないといった様子がみられたら、医師の診察を受けましょう。

しつけの悩みあれこれ
こわがりな子ども

どうしたのか？

とてもこわがりで、人見知りがはげしく、暗いところや犬をこわがります。

なぜそうなるのか？

子どもがこわいと思うのは──
・物理的に恐怖をあたえるもの（大きな犬、テレビに映った火事など）
・まわりの人がこわがるもの（クモをこわがるおとなはたくさんいます）
・おそろしいイメージ（暗いところにお化けが出る、など）

どうしたらいいのか？

・子どもがこわがったら、きちんと受けとめてあげましょう。子どもは根拠のない恐怖心を抱くこともあります。ばかにしたり、からかったりするのは禁物です。
・こわがっているものを無理におしつけたり、がまんさせたりしないこと。絵などを使って、少しずつ恐怖心をとりのぞくようにもっていきましょう。
・子どもがこわがっていることに理解を示したうえで、こわがらなくてもいいことを教えてあげましょう。
・暗いところをこわがるようなら、明かりをつけておきましょう。

それでもうまくいかないときは？

手がつけられないほど恐怖がエスカレートし、寝てもさめても忘れられない様子がみられたら、医師や保健師、その他の専門家に相談しましょう。

しつけの悩みあれこれ
けんか

どうしたのか？

きょうだいげんかや、友だちとのけんかが目にあまるのですが。

なぜそうなるのか？

子どもにとって、おもちゃを人に貸す、たがいに協力する、順番に何かをするといったことは簡単ではありません。これらを身につけるには、時間がかかるのです。

どうしたらいいのか？

・子どもがけんかを始めても、口げんかだけであればやらせておきましょう。
・なぐりあいやとっくみあいが始まったら、すぐに引き離します。そして、「人を痛い目にあわせてはいけないよ」といいましょう。ふたりをしばらくの間静かに座らせ、気持ちを落ちつかせます。
・落ちついたら、問題をどう解決したらいいかいっしょに考えてあげましょう。

それでもうまくいかないときは？

気長にかまえましょう。子どもに、けんかしたり、相手を傷つけたりしないで仲よく遊ぶにはどうしたらいいかを教えることが一番大切です。

しつけの悩みあれこれ
やきもち（弟や妹が生まれたとき）

どうしたのか？

下の子が生まれたら、上の子がひどくやきもちをやきます。

なぜそうなるのか？

ママはいつも赤ちゃんにかかりっきり。誰も遊んでくれない。みんな赤ちゃんにプレゼントをもってきて、かわいい、かわいいと大騒ぎ。子どもにとってこんな状態は不公平そのものです。子どもはとても傷つき、自分は愛されていないと思ってしまうのです。

どうしたらいいのか？

・赤ちゃんが生まれたことでつらい気持ちを味わっていることに、理解を示してあげましょう。
・たとえはずみであっても、上の子が赤ちゃんを傷つける心配がないよう十分に気をつけましょう。
・もし赤ちゃん返りをしたら、思いっきりそうさせてやります。自分も愛されていることを確認して安心するまで、赤ちゃんのように接してあげましょう。
・ほめたり、はげましたり、親がどんなに大事に思っているかを伝えて、自信をもたせてあげましょう。
・毎日、上の子だけのための時間をつくるように心がけましょう。

それでもうまくいかないときは？

あせらないことです。赤ちゃんが生まれたことに慣れるには、時間が必要です。

しつけの悩みあれこれ
うそをつく

どうしたのか？

うそと本当のことの区別がついていないようです。子どものいうことが信じられないのですが。

なぜそうするのか？

- 子どもはよくつくり話をします。その場合、うそをつくつもりはないのです。
- 悪いことをして、親にしかられるのがこわければ、子どもはうそをつきます。

どうしたらいいのか？

- おもちゃがこわれた原因についてつくり話をしたら、子どもの話をよく聞いてあげましょう。でもその後に、「本当はどうしてこわれたの？」と聞きましょう。
- 子どもが本当のことを話しやすい雰囲気をつくってあげましょう。おこっているそぶりを見せないように。もし悪いことをしたと子どもがうちあけたら、正直に話したことをほめてあげましょう。

それでもうまくいかないときは？

子どもがしょっちゅうつくり話をするために、何が本当で何がそうでないかよくわからない場合には、子どもに「本当のこと」と「うそ」の違いをはっきりわからせるようにしましょう。どうしても心配なときは、医師や保健師、その他の専門家に相談しましょう。

しつけの悩みあれこれ
直したいクセ

どうしたのか？

つめをかむ、指をしゃぶる、髪の毛をねじる、からだをゆらす、どこへ行くにも毛布を離さない、などのクセがあるのですが。

なぜそうするのか？

子どものクセは、気分を落ちつけるためやおとなの注意を引きたいという気持ちのあらわれです。ふだんはきげんがよく、眠いときや、気持ちが動揺したとき、具合が悪いときなどにたまにこうしたクセが出るだけなら、心配はいりません。ただし、ほかのことをさしおいてもそのクセばかりに集中するような場合は、問題です。

どうしたらいいのか？

- こうしたクセは、ごくふつうにみられるものです。親がはずかしがったり、気にしすぎたりしないようにしましょう。
- 子どもを十分ほめてやり、愛情をたっぷり注ぎ、かまってあげましょう。
- 指しゃぶりやつめをかむクセを直すために、次のようなことをするのは禁物です。
    - 手をしばる
    - 手袋をさせる
    - 指に苦い味のするものをぬる
- 子どもの前でほかの人にクセの話をしないようにしましょう。

それでもうまくいかないときは？

クセがどんどんひどくなる様子がみられたら、医師や保健師、その他の専門家に相談しましょう。

しつけの悩みあれこれ
こわい夢を見て泣く

どうしたのか？

子どもが夜、こわい夢を見て泣き叫び、目を覚ましてしまうのですが。

なぜそうなるのか？

なぜ子どもがこわい夢を見るのかはよくわかっていません。ただし、弟や妹が生まれた、具合が悪い、ベビーシッターが変わった、トイレのしつけの最中、引っ越し、こわいテレビ番組を見た、家庭内の不和など、子どもの気持ちが不安定になっているときにおこりやすいようです。

どうしたらいいのか？

- 子どもがこわい夢を見て目を覚ましたら、すぐにそばに行ってなだめてあげましょう。そして夢だからだいじょうぶ、といって安心させてあげましょう。
- こわい夢を見た後はしばらくの間、いつもよりたくさんほめ、かまってあげるように努めましょう。昼間のうちに、原因と思われることについて子どもと話し合ってみるのもいいでしょう。

それでもうまくいかないときは？

こわい夢を見る回数がどんどんふえたり、子どもの動揺が目にあまるようなら、医師や保健師、その他の専門家に相談しましょう。

しつけの悩みあれこれ
いうことをきかない

どうしたのか？

親が何をいっても、「いや！」の一点張りなのですが。

なぜそうなるのか？

1歳半〜2歳半になると、子どもは自分でいろいろなことを決めたり、自分なりの方法でやりたいという欲求が強くなります。「いや！」というのは、子どもにとって自己主張のひとつの方法なのです。

どうしたらいいのか？

・子どもと言い争わないようにしましょう。
答えが「イエス」か「ノー」になる聞きかたはなるべくしないことです。たとえば、「これから買い物に行こうか？」と聞けば、子どもは「いや！」と答えるに決まっています。代わりに、「これから買い物に行くわよ。セーターを着ていく？ それともこっちの上着？」と聞くようにします。
親が買い物に行きたいのと同じように、子どもも何かを自分で決めたいのです。
・子どもが協力的な態度を示してくれたときには、ほめてあげましょう。

それでもうまくいかないときは？

あまりピリピリしないことです。「いや！」というのは自立心の芽生えであり、子どもは自主性を学ぼうとしているのです。親にとっては大変でも、喜ぶべきことなのです。

しつけの悩みあれこれ
性について聞かれたら

どうしたのか？

赤ちゃんはどこから生まれるのか、子どもが知りたがります。また、弟にはおちんちんがあるのに、なぜ自分にはないのと聞くのですが。

なぜそうするのか？

子どもはどんなもことでも知りたがる、好奇心いっぱいの生きものです。ですから自分のからだのあらゆる部分について知りたがるし、ものごとがなぜ、どのようにおこるのかも知りたがるのです。

どうしたらいいのか？

・質問されたら、手みじかに正直に答えましょう。もっと知りたくなれば、子どもはまた聞いてくるはずです。
・性についての質問をされても、ほかの質問と同じように扱うこと。親が照れたり、まごついたりしないかぎり、子どもはそれを特別なこととは思いません。親がいつもと違う態度を示すと、何かいけないことを聞いてしまったと思うようになります。
・こうした質問に答えるのを気まずく感じたら、ひとりでいるときや友人の前で、声に出していう練習をしておくのもいい考えです。
・自分の答えに自信がないときは、図書館の司書や医師、保健師、その他の専門家にたずねてみましょう。いろいろなパンフレットやビデオもつくられているので、参考にするとよいでしょう。

しつけの悩みあれこれ
性器いじり

どうしたのか？

子どもがときどき、性器をいじっているので心配です。
友だちと「お医者さんごっこ」をしているところを見つけたのですが。

なぜそうするのか？

子どもが性器をさわったり、こすったりするのはごく自然で、ふつうのことです。また、ほかの子のからだがどうなっているのかに興味をもつのもまったく自然なことです。どちらも、有害なことは何もありません。子どもは身の回りのことに興味をもつのと同じように、性器にも興味をもつのです。親がそれを見つけたときあわてたりおこったりすると、子どもに不要な罪悪感や不安をもたせてしまいます。

どうしたらいいのか？

・子どもの性器いじりについて、あまりとやかくいわないことです。ただ、人前ではしてはいけないことを説明しましょう。
・子ども同士がおたがいのからだを比べているのを見つけても、しかったりしないこと。もし不快に思ったら、おだやかな口調でほかのことをするようにいいましょう。

それでもうまくいかないときは？

ひんぱんに性器いじりをしたり、ほかのことをさしおいてそればかりするような様子がみられたら、医師や保健師、その他の専門家に相談しましょう。同じ年頃の子ども同士でからだをくらべあったりしている分には、心配はいりません。ただし、そうしたことに興味のない子どもに無理じいしたり、自分よりずっと年上や年下の子どもと「お医者さんごっこ」をしたがるような様子がみられた場合には、専門家に相談しましょう。

しつけの悩みあれこれ
人の物を取る

どうしたのか？

子どもが自分の物でない物を取ってしまうのですが。

なぜそうするのか？

ある物が「誰の物」なのかということや、取っていい物とよくない物の区別を子どもが理解するには、時間がかかります。子どもがバッグのなかから鉛筆を取っても、親はたぶん気にしないでしょうが、もしお金を取ったらあわててしまうでしょう。ところが子どもにとっては、どちらも同じなのです。

どうしたらいいのか？

・いきなりしかりつけたりしないこと。最初にやったときは、悪いことと決めつけず、まちがいとして扱いましょう。
・人の物をその人に聞かずに取ってはいけない、と教えましょう。
・もし子どもが人の物を取ってきてしまったら、持ち主に返すか、代わりの物を返させましょう。
・子どもをかばって物を取ったことを隠したり、笑い話にしたりしないこと。なぜそれがいけないことなのか、きちんと説明しましょう。

それでもうまくいかないときは？

物を取る行為が止まらない場合には、子どもが十分な愛情を受けていないことも考えられます。心配ならば、信頼できる人に相談しましょう。

しつけの悩みあれこれ
吃音

どうしたのか？

子どもが言葉につかえるので心配です。

なぜそうなるのか？

ほとんどの子どもはある時期、言葉につかえたり、どもったりするものです。
親が騒ぎすぎることが一番の問題です。子どもは興奮したり、動揺すると、よけい言葉につかえるようになります。

どうしたらいいのか？

・子どもの話をじっくり聞いてあげましょう。せきたてたり、まちがいを直したり、子どものいいたいことを先回りしていったり、同じ言葉をくり返させたりしないように。
・子どもに話しかけるときは、一語一語はっきり、ゆっくりと。
・あなたと話すことが楽しいのよ、ということを子どもに伝えてあげましょう。
・お子さんにたっぷり愛情を注ぎ、ほめてあげましょう。

それでもうまくいかないときは？
以上のことを全部やってみても、よくなるきざしがみられないときは、医師や保健師、その他の専門家に相談しましょう。

しつけの悩みあれこれ
かんしゃく

どうしたのか？

腹を立てたり、自分の思いどおりにならないとかんしゃくをおこします。

なぜそうなるのか？

かんしゃくは、怒りを発散するひとつの方法です。かんしゃくは、ふつう2歳ぐらいから始まります。子どもは自分の思いどおりにならなかったり、やりたくないことをするようにいわれると、腹を立てたり、イライラしたりします。とくに疲れていたり、おとなにせかされると、かんしゃくをおこしやすくなります。

どうしたらいいのか？

- 冷静に対応しましょう。あばれてけがをしたり、ほかの人に危害を加えないように注意して、かんしゃくがおさまるまで、静かにそばにいてやります。
- こちらが根負けしたり、やめさせようとするのは禁物です。かんしゃくをおこしている間は、つとめて知らんぷりをすることです。
- 外出先でかんしゃくをおこしたら、静かな場所に連れていき、おさまるまで待ちましょう。

それでもうまくいかないときは？

しょっちゅうかんしゃくをおこすのは、かんしゃくをおこすと親がかまってくれることに味をしめているのかもしれません。そういうことはないか、ふり返ってみましょう。心配だったら、医師や保健師、その他の専門家に相談しましょう。

しつけの悩みあれこれ
トイレのしつけ

どうしたのか？

おむつがなかなか取れません。どうしたらうまく取れるでしょうか？

なぜそうなるのか？

トイレのしつけは、まだ時期がきていないのに親が無理やり始めると、うまくいかないことが多いのです。2歳〜2歳半までの子どもは、排尿や排便をコントロールする筋肉をまだ上手に使うことができません。とくに夜間については、4、5歳までおむつが取れなくても、異常ではありません。男女別では、女の子のほうが比較的早く取れることが多いようです。

・次のような様子がみられたら、おむつを取る時期がきたサインです。
 －おしっこやうんちが出そうなことを伝えられる
 －簡単な指示が理解できる
 －おむつがぬれたり、汚れていると、気持ち悪そうにする
 －おしっこやうんちが出ていることが自分でわかる
 －子ども自身が早くおむつを取りたがっている

しつけの悩みあれこれ
トイレのしつけ

どうしたらいいのか？

おむつを取る時期がきたことを確認し、あせらずゆっくりと始めましょう。

1．おまるを使うことに慣れさせましょう。
まず、おまるは何のために使うのかを教えます。パンツをはかせたままおまるに座らせ、次にパンツをぬがせて座らせます。まだ、おしっこやうんちをさせようとはしないこと。

2．ふつうは、うんちの練習から始めます。
毎日ほぼ同じ時間にうんちをする場合や、いきんだりして便意があるのがわかったら、おまるを使いたいか子どもに聞きましょう。いやがったら、無理じいはしないこと。

3．おまるは遊ぶ場所のそばに置き、子どもに見えやすく、使いやすいようにしておきましょう。

4．毎日少しの間、おむつをはずすようにします。
おもらしは覚悟のうえで。もしおまるで上手にできたらほめてあげましょう。失敗しても、しかったりしないこと。

5．だんだん上手に使えるようになったら、日中はおむつなしで過ごさせます。

6．夜間のおむつをはずすには、もう少し時間がかかります。
朝までおむつがかわいたままだったら、夜のおむつをはずすことを考えましょう。

それでもうまくいかないときは？

- あせりは禁物です。しばらくお休みしましょう。たとえ親が何もしなくても、子どもはいつかは自分でトイレができるようになるものです。
- もし心配ごとがあれば、医師や保健師、その他の専門家に相談しましょう。

しつけの悩みあれこれ
ぐずる

どうしたのか？

うちの子はしょっちゅうぐずってだだをこねるので、頭にきてしまいます。

なぜそうなるのか？

子どもがぐずる理由は——
・眠い、疲れている、おなかがすいている
・不安がある
・そうすると親がかまってくれると思っている

どうしたらいいのか？

・睡眠や休息を十分取らせるようにしましょう。
・ぐずってもとりあわないこと。やめたらかまってあげましょう。
・おとなの注意を引くためにはもっといい方法があることを教えましょう。
・「大きいお兄ちゃん（お姉ちゃん）のようにお話しすれば、話を聞いてあげるからね」、といいましょう。

それでもうまくいかないときは？

すぐに直らなくても、根気よく努力しましょう。おとながとりあわないと、しばらくの間はエスカレートするかもしれませんが、その後はかならずよい方向にむかいます。
一日中ぐずったり、だだをこねているようなら、医師や保健師、その他の専門家に相談しましょう。

ひとりでかかえこまないで
つらい体験

離婚、家族の死、両親のけんか、度を過ぎた飲酒、失業といった家庭内のさまざまな問題が原因で、子どもの行動に影響が出ることがあります。

小さい子どもは何か心配ごとがあると、安心感に浸っていられたころに戻りたいという願いから、赤ちゃん返りをすることがよくあります。ぐずる、おもらしやおねしょをする、ひとりで服を着られなくなる、親から離れられなくなるなどです。

子どもにわかるように事態を説明し、「でも、それはきみのせいじゃないんだよ」といってあげることが必要です。こうした時こそ、子どもにはたっぷりと愛情と注意を向け、理解を示してあげることが必要なのです。

つらいことがあったときには、親も第三者の助けを求めることが必要かもしれません。くわしくは「１親」の章を参照してください。また、地域の専門家に相談したり、家族や友人、聖職者や身近にいる年長者などに助言を求めましょう。

Chapter 2 しつけ

ひとりでかかえこまないで
親だって腹が立つ！

親だって腹が立ちます。親も人間なのですから、子どもの悪さに「キレて」しまうことだってあるのです。

・子どもが悪さをしたら、子どもではなく、子どものしたことに怒りを向けるようにしましょう。自分のしたことはいけないけれど、お父さんやお母さんが自分をきらいになったわけではないことを、子どもによくわからせましょう。

・もしカッとなって、どなりつけてしまったときは、あとで子どもにあやまりましょう。子どもにも感情があることを忘れずに。

・「1　親」の章には、怒りを抑えたりストレスをためないようにする方法が紹介してあるので参考にしてください。

☺感情はコントロールできないことがあっても、
感情のままに行動することはコントロールできるはずです。

chapter 3

MIND
こころ

完璧な親なんていない！

子どもの感情
成長するからだ、成長するこころ

子どもにとって、からだの成長とこころの成長は切り離すことができないものです。

からだが成長するには、次のものが必要です。
- 栄養バランスのいい食べ物
- 休息
- 運動
- 安全な住まい

こころが成長するには、次のことが必要です。
- 安全で、守られ、愛されていると感じること
- ほかの人といっしょに過ごすこと
- 新しいことを見たり、経験すること

こころが成長するにつれ、子どもは次のことができるようになります。
- 考えたり、理解することができるようになります
- ほかの人と仲よくし、その人たちを好きになり、信頼するようになります
- 感情も発達します。自分にたいして自信をもち、ほかの人を愛したり、気にかけたりするようになります

☺これらの条件が満たされれば、
子どもはこころもからだものびのびと成長することができます。

子どもの感情
子どもの感情

子どもの**感情**が豊かに育つためには、次のことがなくてはなりません。

「安全」

まわりに自分を傷つける人や物はいっさいないと思えること

「守られている」

世話してもらったり、なぐさめてほしいとき、いつでもそうしてもらえると思えること

「愛されている」

自分はまわりの人に愛されていて、その人にとって大切な存在なのだと言葉や態度で示されること

☺自分が安全で、守られ、愛されていると感じることによって、子どもはしあわせで、自立した、人を愛することのできる人間になれるのです。

子どもの感情
大切なのは親の接し方

- 親が子どものことを悪くいうと、子どもは自分を価値のない人間だと思い、ほかの人をいじめるようになります。
- 親がほめたり、励ましてやったりすれば、子どもはどんなこともやればできるという自信をもつようになります。
- 親が子どもをおどしたり、親にたいする恐怖感をうえつけたりすれば、子どもは人から傷つけられるのではないかとおそれ、不安に思うようになります。
- 親が子どもの前で怒ったり、けんかをしたりすれば、子どももけんかをすることをおぼえます。子どもの前でけんかをすることがあるのなら、仲直りするところも見せる必要があります。
- 親が子どもを守り、子どもに安全だと感じさせてやれば、子どもは自分を信頼し、まわりの人も信頼するようになります。
- 親が子どもへの愛を示し、あなたが必要なのよと伝えてやれば、子どもはほかの人を愛するようになります。

まわりがその子をどう見るかが、
その子の自分に対する見方をつくります。

Chapter 3 こころ

誕生－6カ月まで
安全で、守られ、愛されていると感じること

子どもの感情が豊かに育つためには、次のことがなくてはなりません。

赤ちゃんが、安全で、守られ、愛されていると感じるためには、次のことが必要です

- 愛情
- 食べ物
- 暖かさ
- 静かさ
- 清潔さ
- 規則正しい生活
- 顔なじみの人がまわりにいること

親は次のことを心がけましょう

- しっかり抱いたり抱きしめたりする
- やさしく扱う
- おなかがすいたらミルクを飲ませる（食べ物を食べさせる）
- 泣いたら、やさしくなぐさめる
- 話しかけたり、歌を歌ってあげる
- 赤ちゃんがにっこりしたら、ほほえみ返す
- 赤ちゃんが声を立てて笑ったら、声を立てて笑い返す
- なるべく赤ちゃんのそばにいるようにする
- 移動するときは、赤ちゃんを抱いて移動する
- 赤ちゃんをお母さんお父さんが見えるところに寝かせる

誕生－6カ月まで
考えること、学ぶこと、遊ぶこと

赤ちゃんは次のようなことを学びます

自分のからだについて
- 手を使うこと
    - 物をたたく
    - 物のほうへ手をのばす
    - 物を手で持つ
    - 物を口に入れる
- 目を使うこと
    - 人の顔を見上げたり、横目で見たりする
- 耳を使うこと
    - 声や音楽、いろいろな音に耳を傾ける
- 足をけること
- 寝返り

まわりの人について
- 自分の世話をしてくれる人の顔をおぼえ、愛情をもつ。
- 何かが必要なときに泣けば、誰かが来てそれを満たしてくれると信じる。

親は次のことを心がけましょう

いろいろな感覚を感じさせましょう
- 赤ちゃんのからだをこすったり、軽くたたいたり、なでたりします。
- 赤ちゃんの手を取って、感触の違う物にさわらせます（敷物、タオル、ビロードなど）。

いろいろな音を聞かせましょう
- 話しかけたり、歌ったり、そっとささやいたり、いろいろな音を出したりします。
- 「いないいないばー」やいろいろな手遊びをしてあげます。

いろいろな物を見せましょう
- ほほえみかけたり、舌をベーッと出したり、ほっぺたをふくらませてみせます。赤ちゃんにも、まねをさせましょう。
- 散歩に連れていきます。

赤ちゃんのからだを動かしましょう
- 床やふとんの上で赤ちゃんのからだをやさしく動かしてみましょう。
- おもちゃを持ちあげて、赤ちゃんにたたかせたり、手をのばさせたり、つかませたりします。

☺ お父さんお母さんの顔やほほえみ、腕やからだこそ、
赤ちゃんにとって最高のおもちゃです。

Chapter 3 こころ

誕生－6カ月まで
楽しみながら学べるおもちゃ

見て楽しむもの
・モビール
・絵
・おもちゃ

聞いて楽しむもの
・音楽
・ガラガラ

さわって楽しむもの
・いろいろな布
・やわらかいおもちゃ

たたいて楽しむもの
・たたいたり、つかもうと手をのばしたり、つかんだり、けったりできる、上からつりさげるおもちゃ

手に持ったり、歯でかんで楽しむもの
・ガラガラ
・プラスチックのコップ
・木のスプーン
・空のペットボトル
・ふたつきのプラスチック容器（音が出るように、なかに角ざとうを入れてみましょう）
・歯がため

☺赤ちゃんは遊びを通してまわりの世界について学びます。

6カ月－1歳まで
安全で、守られ、愛されていると感じること

赤ちゃんが、安全で、守られ、愛されていると感じるためには、次のことが必要です

・愛情
・食べ物、暖かさ、清潔さ、心地よい家
・顔なじみの人がまわりにいること
・規則正しい生活
・話すこと、遊ぶこと、歌うこと、抱きしめること

親は次のことを心がけましょう

赤ちゃんにキスしたり、抱きしめたり、ほほえんだり、話しかけてあげましょう
赤ちゃんは人を愛することを学んでいます。いっぱいの愛情でこたえてあげましょう。

赤ちゃんの視点に立って、ものごとを見るようにしましょう
親にしがみついて泣くのは、お父さんお母さんが大好きで、いなくなってしまうのが不安だからです。人見知りをする赤ちゃんやこわがりな赤ちゃんに、無理なことを押しつけるのは禁物です。赤ちゃんの感情を尊重しましょう。

忍耐強くなりましょう
親にとっておもしろくなくても、赤ちゃんにはおもしろいことはたくさんあります。

家のなかは、赤ちゃんが探検してまわっても危険がないようにしておきましょう
これについては、「4　安全」の章を参照してください。

Chapter 3 こころ

6カ月－1歳まで
考えること、学ぶこと、遊ぶこと

赤ちゃんは次のようなことを学びます

動き回る
- 寝返りをうったり、はいはいしたりする
- 座ったり、立ったり、あちこち探検してまわる

音を出す
- フーンとかウーンという声を出す
- クックッとかキャッキャといって笑う
- 喃語をしゃべる

単語がわかるようになります

手が使える
- 手をのばして、物をつかむ
- 手を振ったり、パンとたたいたり、突き出したりする
- 物をひっくり返したり、落としたり、拾ったりする
- 押したり、引いたり、投げたりする

親は次のことを心がけましょう

動き回ったり、探検してまわるチャンスをたくさんあたえてあげましょう

赤ちゃんと遊びましょう
- 赤ちゃんは何度も何度も同じ遊びをしたがることを忘れずに

いろいろな物を見せてあげましょう
- たくさんの人、場所、いろいろな物
- ほかの赤ちゃん
- 鏡にうつった赤ちゃん自身

いろいろな物を聞かせてあげましょう
- 赤ちゃんに話しかけましょう。また、赤ちゃんが何かいったら聞いてあげて、音をまねてかえしてあげましょう
- 歌ったり、ハミングをしたり、いろいろな童謡を歌ってあげましょう
- 心地よい音楽やラジオを聞かせてあげましょう
- 赤ちゃんに、いろいろな音のまねをさせましょう

どこかへ行くときはできるかぎり赤ちゃんもいっしょに連れていくようにしましょう

いろいろな人に会わせてあげましょう
- このころの赤ちゃんは、よく人見知りをするようになります。でも心配することはありません。時期がくれば、人見知りはしなくなります

☺赤ちゃんは活発に動き回れるようになります。
でもやっぱり、お母さんやお父さんのそばがいちばんいいのです。

6カ月－1歳まで
楽しみながら学べるおもちゃ

家庭にあるもの
・なべやフライパン
・空のペットボトル（中はよく洗う）
・木のスプーン
・プラスチックの計量カップやスプーン

たたいたり抱いたりできるやわらかいおもちゃ
・やわらかい積み木
・やわらかいボール
・ぬいぐるみ

動いたり音が出るおもちゃ
・車（押したり引いたりする）
・なべ（たたいて音を出す）
・つかむとキュッキュッと鳴るおもちゃ
・ボール（ころがして追いかける）
・積み木（積み上げたものをくずして遊ぶ）

1歳－2歳まで
安全で、守られ、愛されていると感じること

この年齢の幼児が、安全で、守られ、愛されていると感じるためには、次のことが必要です

・愛情
・親の忍耐力（それもかなりの）
・顔なじみの人がまわりにいること
・ひとりで何かをすることへの励ましやほめ言葉
・遊んだり探検することのできる安全な場所
・まわりが話しかけてくれたり、聞き手になってくれたりすること（それによって言葉を覚えられる）

親は次のことを心がけましょう

子どもの行動を理解するようつとめましょう
この年齢の幼児は、何かをすることで学んでいきます。まだ「良いこと」「悪いこと」の区別はつきません。親がいくら「してはだめ」といっても、くり返し同じことをします。子どもは親を怒らせようと思ってしているのではありません。忍耐をもち、冷静に接するようつとめましょう。時期がくれば、かならずよくなります。

どんなことでも、子どもが楽しんでやれるように工夫しましょう
「さあ、いっしょにおもちゃを片づけようか？」というほうが、「おもちゃを片づけなさい！」と命令するより、効果があります。

子どもに自分で選ばせる工夫をしましょう
「最初にお豆を食べる？　それともニンジンが先がいい？」こんなふうに子どもに選ばせれば、親子ともに結果に満足することができます。

子どもにたくさん話しかけましょう
子どもが言葉の使い方を覚え、言葉の意味を理解できるように手助けしましょう。子どもは「約束する」と口ではいえても、本当の意味はわかっていません。

1歳－2歳まで
考えること、学ぶこと、遊ぶこと

この年齢の幼児は次のようなことを学びます

からだの機能
・歩く、走る
・物を運ぶ
・クレヨンをにぎる
・ページをめくる
・粘土遊びをする
・液体をつぐ

言葉の発達
・自分の名前をいえる
・言葉の意味や簡単な命令が理解できる
・身のまわりの物やからだの部分の名前をいえる
・短い文章をつくることができる
・身近な人の名前をいえる

ひとりでいろいろなことができるようになります
・服を着る
・食事をする
・簡単なことなら選ぶことができる

怒りやイライラを表現するようになります
・大きな声を出してさけんだり、どなったりする
・かんしゃくをおこす
・「いや！」という

1歳－2歳まで

親は次のことを心がけましょう

家のなかにも、家の外にも、遊んだり探検することのできる安全な場所をつくってあげましょう

話しかけてあげましょう
- 何かをするときは、話しかけながらしましょう
- いろいろな物の名前や、おもちゃ、からだの部分の名前をいってあげましょう

本を読んであげましょう
- しっかりと抱きしめながら、読みきかせをしてあげましょう
- 絵本の中の物を指さしながら読んであげましょう
- 子どもにも指でさしたり、名前をいったり、質問をさせてあげましょう

新しいことを体験し学べるよう、手助けをしてあげましょう
- 聞き上手になりましょう
- むやみに手や口を出さないようにしましょう
- 子どもを見守り、ほめたり、励ましたりしましょう

忍耐強く、きぜんとした態度で接しましょう
子どもに何かいいきかせたいときは、本気であることをわからせましょう。子どもが怒ったり、しつこくせがんでも、けっして折れないことです。

まわりの人と仲よくすごせるように手助けしましょう
この年齢の子どもは、自分以外の人（両親、ほかのおとなや子ども）といっしょに遊ぶ機会を多くもつことが必要です。とはいえ、友だちの近くで遊ぶのは楽しくても、いっしょに遊ぶことはまだなかなかできません。おもちゃをいっしょに使うことはまだ無理なので、この年齢ではおもちゃの取り合いをするのがあたりまえです。

1歳－2歳まで
楽しみながら学べるおもちゃ

からだを動かすおもちゃ
・乗って遊ぶおもちゃ
・押したり引いたりして遊ぶおもちゃ
・登って遊ぶおもちゃ
・投げたり取ったりして遊ぶおもちゃ

分類したり組み合わせたりするおもちゃ
・重ねられるカップや箱
・いろいろな大きさの輪を重ねるおもちゃ
・いろいろな形の積み木を箱に入れるおもちゃ

思いきり散らかしたり汚してもいい遊び
・粘土、フィンガーペイント（つくり方は１３５ページ）
・子ども用の浅いプール
・水や砂を入れたり、空にしたりできる容器
・バケツとシャベル
・太いクレヨン

おとなのまねをして遊ぶおもちゃ
・おもちゃの電話
・おもちゃの道具
・台所用品（なべ、フライパン、木のスプーンなど）
・小さいテーブルやイス
・人形、動物のぬいぐるみ
・帽子

音の出るおもちゃ
・たたいたり、振ったりして音を出すもの（太鼓、タンバリン、ガラガラ、ベルなど）

絵本

☺子どもの世界はどんどん広がっていきますが、
その中心にいるのは、まだお母さんとお父さんです。

2歳－3歳まで
安全で、守られ、愛されていると感じること

この年齢の幼児が、安全で、守られ、愛されていると感じるためには、次のことが必要です

- 愛情
- 励まされ、ほめられ、かまってもらえること
- こわいと感じたときに慰めてもらえること
- 忍耐強く、冷静できぜんとした態度で接してもらうこと（とくにかんしゃくをおこしたとき）
- 年齢にふさわしいルール
- ひとりで何かに挑戦する機会（必要であれば、手助けも）
- どんなに質問をしても、答えてもらえること
- おとなの手伝いをする機会

親は次のことをこころがけましょう

子どもの感情を理解するようにつとめましょう
この年齢の子どもは、いろいろなものをこわがります。子どもがこわがっても、怒ったり、からかったりしないようにしましょう。「何がこわいの？　ばかね」などとはいわないこと。「大丈夫だからね。こわい気持ちはわかるけど」といってあげましょう。

新しいことを学ぶのには、その子どもなりの時期があります
おまるで用を足す、自分で服を着る、などのことができるようになる時期は、その子その子によって違います。ほかの子どもにはできるのに、といった考え方はしないようにしましょう。

MIND

2歳－3歳まで
考えること、学ぶこと、遊ぶこと

この年齢の幼児は、次のようなことを学びます

新しい言葉をどんどん覚え、いろいろなことを考えられるようになります

見立てる、創意工夫をする、何かを覚えている、計画する
・イスを電車に見立てて遊ぶ
・昼ごはんの前にしていたことを覚えていて、食後にまたその続きをする
・次に何をするか計画を立てる
・なべを帽子にする

自分のことは自分でする
・服の脱ぎ着
・食事
・トイレ
・簡単なことなら選ぶことができる

運動能力がさらに増す
・台から飛びおりる
・遠くにとぶ
・片足で立つ
・階段を上がる、下りる
・ボールを投げる、ころがす、はずませる
・三輪車をこぐ

手先が器用になる
・積み木を高く積む
・線を引いたり、いたずら描きをする
・はさみ（安全なもの）を使って紙を切る
・簡単なパズルをはめる

2歳－3歳まで

親は次のことをこころがけましょう

子どもが新しいことを体験し学べるよう励まし、挑戦したときはほめてあげましょう
・助けが必要なときだけ、手を貸してあげましょう
・子どもが話しかけてきたら、きちんと聞いてあげましょう

子どもがたくさんの言葉にふれられるようにしましょう
・話したり、歌を歌ったり、本を読んだり、お話をしてあげましょう
・外に出たら、目に見える物について話をしましょう
・いろいろな仕事をしながら使っている物の名前を教えてあげましょう

いっしょに遊んであげましょう
・キャッチボール、鬼ごっこ、追いかけっこなどをしましょう
・公園や遊び場に連れていってあげましょう
・お絵かきをしましょう

親の近くで遊べるように場所をつくってあげましょう
・この歳の子どもはお母さんやお父さんが見えるところで遊びたいし、親も自分の目の届くところで子どもを遊ばせる必要があります

友だちと仲よくできるように手助けしましょう
・友だちにおもちゃを貸す、ずるをしないで遊ぶ、友だちと協力する、などはまだ上手にできません
・けがをしたり、させたりしないよう十分注意しましょう
・かわりばんこに遊ぶ、おもちゃを貸し借りする、何かがほしいときは口でいう、などができるように教えていきましょう

2歳－3歳まで
楽しみながら学べるおもちゃ

からだを動かす遊び
・子ども用の車
・三輪車
・揺り木馬（背の低いもの）
・手押し車
・おもちゃの四輪車
・ぶらんこ

思いきり散らかしたり汚してもいい遊び
・砂場とバケツ、シャベル、容器、スプーン
・子ども用の浅いプール
・シャボン玉（つくり方は１３５ページ）

家のなかで遊ぶおもちゃ
・パズル
・積み木、大きなビーズ
・重ねられるおもちゃ
・ミニチュアの車
・動物や人間の人形
・物を分けて入れたり、運んだりするための箱や紙袋

図画工作の道具
・クレヨン
・フィンガーペイント、粘土（つくり方は１３５ページ）
・のり
・チョーク

ごっこ遊び用のおもちゃ
・おめかし用の古着
・小さな道具類
・ほうき
・おもちゃの皿
・人形
・動物のぬいぐるみ

本
・絵本
・簡単な字が書いてある本

☺子どもがいろいろなことを学んだり、友だちと仲よく遊べるようになるためには、親の手助けが必要です。

3歳－5歳
安全で、守られ、愛されていると感じること

この年齢の幼児が安全で、守られ、愛されていると感じるためには、次のことが必要です

・愛情とおとなに認めてもらっているという安心感
・励まされ、ほめられること
・冷静で公平、一貫した態度で扱われること
・子どもが納得できるルール
・不安や恐怖にたいして慰められ、安心させてもらえること
・質問にたいして正直に答えてもらえること
・自分で自分のことをし、選択できる機会
・安全な遊び場所
・いっしょに遊んでくれるおとなや友だち

親は次のことを心がけましょう

子どもをたくさん励まし、ほめ、認めてあげましょう
子どもが話しかけてきたら、きちんと聞いてあげましょう。

ルールはあまりつくりすぎないようにしましょう
・決めたルールはよく説明しましょう
・いったん決めたルールは変えないこと

子どもの気持ちを大切にしましょう
・子どもの不安や恐怖をけっしてばかにしたり、からかったりしないこと
・親が思いやりのある態度で接すれば、子どもも思いやりをもつことを学びます

できるだけ多くの選択肢をあたえ、自分で自分のことをする機会をあたえましょう

よいこととよくないことの区別を教えましょう
この年齢の子どもは、本当とうその区別がまだつきません。人の物を取るのはいけないことだということもわかりません。子どもは正しいことをしたいと思っていても、何が正しいことなのかがよくわからないのです。何が正しいことかを教え、そのわけを説明してあげましょう。

3歳－5歳
考えること、学ぶこと、遊ぶこと

この年齢の幼児は次のようなことを学びます

言葉が上手に使えるようになる
- 自分のいいたいことを説明する
- 自分のほしい物を伝える
- 質問に答える
- お話をつくったり、ゲームを考えたりする
- 数を数える
- 詩や歌を口うつしにいったり歌ったりする

まわりの人の気持ちがわかり、不公平なのは嫌だという気持ちがめばえる
- 「あたしが○○をしたら、××してくれる？」というかけひきができるようになる

自分の好きな人に愛情を示し、相手からも愛情を示してもらいたがるようになる

いろいろなことが自分でできるようになる
- 顔を洗う
- 靴をはく
- 飲み物を持ってくる
- 車に乗る

前の日のことをしっかり記憶し、次の日を楽しみにすることができるようになる

運動能力がますます発達する
- 速く走る
- 高いところに登る
- バランスをとる、スキップをする、物を運ぶ、物を組み立てたりつくったりする

想像力を働かせることができる
- 想像上の友だちをつくる
- お話をつくる

3歳－5歳

親は次のことを心がけましょう

子どもと話しましょう
・子どものいうことをよく聞いてあげましょう
・質問にはきちんと答えましょう
・新しい言葉を覚えられるように子どもの知らない言葉を少しずつ使いましょう
・いろいろな物について話してあげましょう
・物のしくみについて説明してあげましょう

本を読んであげましょう

いろいろな遊びをする機会をたくさんあたえましょう
・からだを動かすゲーム
・静かなゲーム
・絵本を見る
・お絵かきやぬり絵
・思いきり散らかしたり汚してもいい遊び
・楽器を鳴らしたり、音を出したりする遊び
・家の外での遊び

子どもの世界を広げましょう
・公園、買い物、児童遊園、散歩、ドライブ、海、図書館など、できるだけたくさの場所に子どもを連れていきましょう

お手伝いをさせましょう
・家のなかの簡単な仕事
・スーパーなどに買い物に行ったとき

友だちと仲よくなれるように手助けしましょう
・ほかの子どもと遊ぶ機会をできるだけたくさんつくりましょう
・かわりばんこに遊ぶ、おもちゃを貸し借りする、はじめての子と友だちになる、などができるように教えていきましょう
・けんかになりそうなときは、間に入りましょう
　注：ただし、入りすぎるのも問題なので、ほどほどに。

☺ 子どもが世界を広げていくためには、親の愛情と支えがなくてはなりません。

3歳−5歳
楽しみながら学べるおもちゃ

からだを動かして遊ぶおもちゃ
・三輪車
・バット、ボール、なわとび

家のなかで遊ぶおもちゃ
・積み木
・ブロック
・パズル
・やさしいゲーム
・マグネットの数字や文字
・ミニチュアの車やトラック、人形
・ぜんまいじかけのおもちゃ

図画工作
・粘土
・フィンガーペイント
・絵の具
・はさみ（安全なもの）
・のり
・クレヨンやマジック
・黒板とチョーク

本

音を出して遊ぶおもちゃ
・たいこ、木琴、タンバリン
・なべやフライパン

ごっこ遊びのおもちゃ
・虫めがね（探偵ごっこ）
・大きなスカーフ（スーパーマンごっこ）
・人形
・段ボール箱（人形の家）
・おめかし用の服
・手袋でつくった指人形

遊び
遊ぶことは大切です

子どもは遊びながら自分について、自分に何ができるか、まわりの世界と自分がそこでどんな位置にいるかなど、たくさんのことを学びます。

・遊びを通して、子どもは新しいことができるようになります

・遊びを通して、子どもは自分にたいする自信をつけていきます

・遊びを通して、子どもは友だちと仲よくできるようになります

・遊びを通して、子どもは自分の感情を表せるようになります

遊びはこんなにたくさんのことを子どもに教えてくれ、そして何より楽しいものです！

☺遊びは子どもにとっての仕事です。

遊び
遊びとおもちゃ

子どもはつねに何かをしながら学んでいきます。何を使って遊ぶかより、遊びの中身のほうがずっと大切です。子どもが遊べるものなら何でも「おもちゃ」になるのです。

・古くなったスプーンや空になったマーガリンの容器を使えば、掘ったり、運んだりすることを学ぶことができます。

・お母さんやお父さんの仕事（クッキーの生地を切る、テーブルをふく、床をはく）を手伝うのも、子どもにとっては遊びです。

・洗濯物をたたんだり、後片づけを手伝うことで、子どもは同じ種類のものを見つけて分類することを学ぶことができます。

☺ 親が買ってあたえるものだけが「おもちゃ」ではありません。

Chapter 3 こころ

遊び
自分でつくり、工夫するおもちゃ

子どもが遊ぶものは、**安全で、しっかりできていて、楽しいもの**でなければなりません。

台所にあるもの——スプーン、なべ、プラスチックのボウル、ふきん、スポンジ
・たたく、積み重ねる、分類する、ままごと遊び、お母さんやお父さんの手伝い、などに

ボール紙の筒——トイレットペーパーやラップ、ペーパータオルの芯
・指人形にする
・望遠鏡や双眼鏡にする
・長いものなら、ちゃんばらごっこに

空き箱——どんなものでも
・食べ物の箱（シリアル、マカロニなど）は、お店屋さんごっこに
・靴の箱は、積み重ねたり、倒したり、何かを入れる入れ物に
・大きな箱は、イスにしたり、自動車や電車や船にも

古い雑誌や絵はがき・カード
・ちぎる、切る、貼る、絵や写真を見て話をする、手紙ごっこ、などに

遊び
自分でつくり、工夫するおもちゃ

どこの家にも「工夫」すればおもちゃになるものは、たくさんあります。

紙袋（ビニール袋はぜったいに使わないように）
- 子どものからだがすっぽり入るくらいの大きな紙袋は、ゆかいな服に
- 小さな紙袋は、楽しい指人形に

空のペットボトル（中はよく洗う）
- 並べてボウリングのピンに
- 色をつけたり絵を描いたりする
- 積み木の家に立てて、すてきな塔に
- ボトルとボトルをたたいて、いろいろな音を出す

空になったプラスチックの容器（ふたつき、ふたなし、どちらでも）
- 砂遊びやどろんこ遊び、水遊びに
- 物を分類したり、積み重ねたり、中に物を入れたり

はぎれやあまり毛糸
- 紙袋やボール紙の筒でつくった指人形の飾りつけに
- 紙に貼って絵やデザインに

古くなった服や装身具（コート、帽子、手袋、靴、ジュエリー、ハンドバックなど）
- ごっこ遊びに
- ミトンや手袋で指人形を

☺ これらの物をいつでも子どもが使えるように身近に置いておきましょう。
お金もかからず、楽しく遊べ、子どもにとっていろいろなことを学ぶまたとない素材となります。

遊び
つくってみましょう

手軽な材料でできる遊び道具の簡単なつくり方を紹介しましょう。

粘土
1. 次の材料をなべに入れてかきまぜます。
    - 小麦粉　　　1カップ（250cc）
    - 塩　　　　　1／4カップ（60cc）
    - <u>酒石英</u>　　大さじ2（30cc）
2. 次のものをまぜてから、1に加えます。
    - 水　　　　　1カップ（250cc）
    - 着色料　数滴
    - サラダ油　　大さじ1（15cc）
3. 全体をかきまぜながら、中火で2、3分加熱します。
4. 熱くなって、固まりになってきたら、粉をふったまな板の上に取り出し、表面がなめらかになるまでこねます。
5. プラスチックの容器に入れ、冷蔵庫に保存します。

シャボン玉
- なべかボウルに深さ1cmほどの水を入れます。
- 食器洗い用洗剤を、容器を3、4回押して加えます。
- 泡立てないように静かにかきまぜます。
- あれば、グリセリン（薬局で手に入る）を大さじ1杯加えるとなおよいでしょう。

穴のあいている物ならどんなものでもシャボン玉を飛ばすことができます。
- じょうご（小さなもの）
- マーガリンのふたの真ん中にいくつか穴をあけたもの

注：これがなくても作れますが、食料品店のスパイスコーナーで手に入ります。

遊び
外に出て遊びましょう

散歩やかけっこ、なわとび、そのほか戸外で遊んだり探検したりすることは、親にとっても子どもにとっても楽しいものです。

海辺で過ごす一日、公園での散歩、湖に泳ぎに行くことなどは、小さい子どもにとってとても楽しい冒険です。でも遠いところに行かなくても、家の庭や近くの児童公園、近所の散歩などでも、子どもは十分に楽しむことができます。

新鮮な空気の中で思い切りからだを動かすことで、子どもは学び、成長し、そしてとてもいい気分になるのです。

☺晴れの日、雨の日、霧の日、雪の日——
どんな天気の日でも、子どもにとって外で遊ぶことは楽しいものです。

Chapter 3 こころ

遊び
本と読み聞かせ

子どもにとって、見たり、さわったり、お母さんやお父さんに読んでもらう本は、なくてはならないものです。

絵本、言葉の本、詩の本、お話の本など、どんなものでも本は子どもにとってとても楽しいものです。子どもはこれらの本を通して新しい言葉や新しいことがらを学び、自分ひとりで読むことのできる力をつけていきます。

本を選ぶときは、図書館や移動図書館を積極的に利用しましょう。

☺子どもを抱き寄せ、子どもの体温を感じながら
よい本を読むひとときは、誰にとっても楽しいものです。

遊び
子どもとテレビ

子どもはよいテレビ番組から、多くのことを学ぶことができます（ただし、テレビ以外にも楽しいことをたくさんしている場合にかぎります）。子どもといっしょにテレビを見ながらその内容について話し合うことは、子どもが新しいことを学ぶうえでとても有益です。

何時間もテレビを見つづけたり、暴力的なシーンや恐怖をかきたてる番組を見ることは、子どものためによくありません。

子どもはテレビで見たことをまねしたがることがあります。テレビと現実は違うことや、どんなことをしたら危ないかを、よく話して聞かせましょう。見終わったら、番組を見てどう思ったか聞いてみましょう。

注：テレビをはじめとする機械音の中で育つと、言葉がコミュニケーションのためにあるという概念自体が育たず、言葉の遅れを生じることがあります。他国に比べて、日本の専業主婦のテレビ視聴時間がきわめて高いという報告もありますが、特に子どもが小さい間は、直接的なコミュニケーションを心がけることが大切でしょう。

☺どの番組を見せるか、どのくらいの時間見せるかは、親が決めましょう。

Chapter 3 こころ

遊び
女の子にはピンク、男の子にはブルー？

女の子であろうと男の子であろうと、子どもがすくすくと健康に育ち、いろいろなことを学んでいくためには、たくさんのことをやってみる機会がなくてはなりません。

女の子だけでなく男の子も、思いやりをもって人の世話をすることをおぼえなければなりません。

男の子だけでなく女の子も、からだを使うことおぼえ、自分の力に自信をもち、自分で自分を守れるようにならなければなりません。

遊び
うちの子は正常？

子どものことを一番よくわかっているのは、親です。うちの子、ちょっと変じゃないかしら？ 親が最初にそう気づき、誰かに相談したいと思うことがあるかもしれません。自分の子どもの発育について何か心配なことがあったら、かかりつけの医師や地域の保健師に相談しましょう。

医師や保健師は、お子さんの心配なことがらについてもっとくわしい専門の医師やカウンセラーにみてもらうよう勧めたり、本当に問題があるかどうか調べてもらうよう勧めることもあります。大事なのは、問題がはっきりするまできちんと調べることです。

どこかに問題があるにしろないにしろ、はっきりわかるまでは親の気持ちは落ちつきません。お母さんやお父さんの気持ちが落ちつかなければ、子どもにもそれが伝わってしまいます。

☺あなたかお子さんのどちらかが助けを必要としていると思ったときは、
助けが得られるまであきらめずに探すことです。

chapter 4

SAFETY
安全

完璧な
親なんて
いない！

子どもの事故
子どもに多い事故は何でしょう？

1歳をすぎた子どもの死因で一番多いのは事故です。ほとんどの子どもの事故は防ぐことができます。とくに命を落とす可能性が大きいのは——

自動車事故

火事

水の事故

☺ 子どもはわずか2〜3センチの深さの水でも、数秒のうちに溺死することがあります。

Chapter 4 安全

子どもの事故

幼い子どもはあらゆる年齢の中でもっとも事故を起こしやすいのです。よくある**事故**は次のようなものです。

転落

やけど

毒物を飲む

☺ 10件の事故のうち9件は、防ぐことのできる事故です。

子どもの事故
どんなときに事故がおきるのでしょう？

子どもが事故をおこしやすいのは、次のようなときです。

●朝の8時から9時頃
皆が朝食を食べたり、学校や仕事に行く準備で忙しいとき、または親がまだ寝ているのに、子どもが先に起きているとき。

●夕方5時から7時頃
親は夕食の準備に忙しく、ほかの家族も疲れて不機嫌になっているとき。

●夏休み中
子どもが戸外で遊ぶことが多く、つい目を離してしまいがちになるとき。

●家族が問題をかかえているとき
両親が病気、引っ越し、家庭内の不和、失業などの問題で頭がいっぱいになり、精神的に余裕のないとき。

☺事故は、親の頭の中がひとつのことでいっぱいで、他のことに注意がまわらないときにもっともおきやすいのです。

子どもの事故
なぜ事故がおきるのでしょう？

子どもの事故は、以下にあげた理由が組み合わさっておこります。

子どもは新しいことを学び、成長するために、本来活発で探求心旺盛な存在であること。

子どもの生活環境はかならずしも安全ではないこと。

子どもは日々成長し、どんどん変わっていくので、親にとってそのときの子どもの能力を正確に知るのはとてもむずかしいこと。

おもしろそうなことと危険なことの区別がつかないこと。子どもとは、つねに見守る人が必要な存在なのです。

☹子どもが今どんなことができるのか、いつも注意して把握するようにしましょう。

子どもの事故
子どもを危険から守るために

事故にあってからでは遅すぎます。まず危険を予防することが大切です。事故は防ぐことができるのです。

子どもに自分で自分の身を守ることを学ばせましょう

子どもに次のことを教えましょう。
- 何が安全で何が危険か、それはなぜか
- していいこと、いけないこと、それはなぜか

子どもに何度もくり返し話してきかせ、もし忘れて危ないことをしたら、そのたびにもう一度危険であることをくり返し話しましょう。

危険

「だめよ、道路に出ちゃ!」

安全

「お庭で遊ぼうね。道路に出たら、車がぶつかってきてけがをしちゃうからね」

☺ 子どもに安全のルールを守らせるには、その理由を理解させることが大切です。また、たとえ理解していても、子どもはときどき忘れてしまいます。そのつど注意を促すのは親の仕事です。

Chapter 4 安全

子どもの事故

火事になったらどうすればよいか、子どもに教えましょう

火事のとき、家から逃げ出す方法を教えます。子どもといっしょにやってみましょう。

止まる、倒れる、転がる（服に火がついたとき）、を教えましょう。

止まれ
じっと立つ
走らない

倒れろ
地面に倒れ、両手で
顔をおおう

転がれ
服についた火が消える
まで転がりつづける

☺ 子どもに火事の時の対処のしかたを教え、いっしょに練習しましょう。

子どもの事故
子どもを危険から守るために
子どもをいつも注意深く見守るようにしましょう

子どもがいま何をしているか、どんなことができるようになったか、どんなことに興味をもっているかを、つねに把握しておきましょう。

危険

安全

☹ 子どもに注意を向けていればいるほど、子どもが事故にあう可能性は少なくなります。

子どもの事故

Chapter 4 安全

赤ちゃんをベビーベッドやベビーサークルに入れていないときは、たとえ一瞬でも目を離さないようにしましょう。おむつを替えているとき、服を着せているとき、お風呂に入れているときには、けっして赤ちゃんのからだから手を離さないようにしましょう。

危険

安全

☺子どもはつねに見守ってくれる人が必要です。
けっして子どもをひとりだけでおいておかないようにしましょう。

子どもの事故
SIDSから子どもを守るために

SIDS（乳児突然死症候群）は、生後1カ月から1歳までの乳児の死亡原因では最大のものです。SIDSを防ぐ方法はまだわかっていませんが、発症を減らすためにできることはあります。

・**赤ちゃんをあおむけに寝かせましょう**。固くて平らなベッドに寝かせます。自分で寝返りがうてるようになれば、どんな姿勢で寝ても安全です。

・**赤ちゃんが暑くなりすぎないように気をつけましょう**。基本的にはおとなと同じ服装にします。おとながセーターを着ていれば赤ちゃんにもセーターを、Tシャツが過ごしやすければ赤ちゃんにもTシャツを着せてあげましょう。赤ちゃんが暑すぎないか確かめるには、首のうしろをさわってみます。汗をかいていれば暑すぎるので、服を一枚脱がせるか、毛布を減らします。

・**赤ちゃんにタバコの煙がかからないようにしましょう**。タバコを吸わない家庭のほうがSIDSのリスクは少ないのです。

・**母乳を飲ませましょう**。母乳は栄養があり、SIDSを防ぐ効果があります。寝かせるときはあおむけが一番安全ですが、遊ぶときには腹ばいにさせてあげましょう。

不幸にも赤ちゃんがSIDSになったとしても、それはけっして親の責任ではありません。上にあげた点に気をつけることでSIDSのリスクを減らすことはできても、SIDSの原因が解明されていない以上、完全に防ぐことはできないのです。

Chapter 4 安全

子どもの発達と安全
誕生－4カ月

まだ首の力が十分にないので、やわらかい枕やふとんにうつぶせに寝かせると、窒息するおそれがあります。固くて平らなベッドが安全です。ウォーターベッドはやわらかすぎます。1歳を過ぎるまでは、あおむけにして寝かせるのが安全です。

危険

安全

赤ちゃんでも寝返りをうつことがあります。

危険

安全

151

子どもの発達と安全
4－7カ月

手で物をつかんで口の中に入れるようになります。

危険　　　　　　　　　　　　　　**安全**

寝返りをうつのがとても上手になります。

危険　　　　　　　　　　　　　　**安全**

Chapter 4 安全

子どもの発達と安全
7-12カ月

はいはいができるようになり動きも速くなります。

危険

安全

つかまり立ちをして、物を引っぱろうとします。

危険

安全

子どもの発達と安全
1－2歳

引き出しや食器戸棚が開けられるようになります。

危険　　　　　　　　　　　　　　　**安全**

立ちあがったり、歩いたり、よじ登ったりできるようになり、遠くまで手が届くようになります。

危険　　　　　　　　　　　　　　　**安全**

子どもの発達と安全

2－3歳

ドアが開けられるようになります。

危険　　　　　　　　　　　　　**安全**

好奇心が強くなり、おとなのまねをするようになります。

危険　　　　　　　　　　　　　**安全**

子どもの発達と安全
3－4歳

ますます動きが活発になり、何でも自分でしたがるようになります。

危険

安全

危ないことと安全なことの区別はまだよくわかりません。

危険

安全

子どもの発達と安全
4－5歳

高いところに登るのが大好きです。

危険

安全

三輪車に乗れるようになります。

危険

安全

家の中での安全

子どもにとって家の中が安全な場所になるように、次の点に気をつけましょう。

台所
- なべは取っ手をむこう側に向けて、コンロの奥に置いてありますか
- 燃えやすいもの（服、紙、本など）をコンロのそばに置いてありませんか
- 洗剤や化学薬品、有毒物質を含むものなどは、子どもの手の届かない戸棚に入れ、鍵をかけてありますか
- ナイフや包丁、先のとがった道具類は、子どもの手の届かないところに置いてありますか
- 電気製品（トースター、ホットプレート）は水から遠ざけ、またコンセントは抜いてありますか
- 電気製品からコードがぶら下がっていませんか
- 消火器はすぐに使えるようになっていますか
- アイロンは使用後、片づけていますか。アイロン台を立てたままにしていませんか

洗面所・風呂場
- 浴そうに滑り止めがついていますか
- 電気製品を置いていませんか
- 小さな子どもが入れないようにドアは閉めてありますか
- 薬、洗剤、洗面用品、シャンプー、化粧品やスプレーなどの入った戸棚は、鍵をかけてありますか

寝室
・子どもの寝室
- 6歳未満の子どもに二段ベッドを使っていませんか
- ブラインドやカーテンのひもはしばって、子どもの手が届かないようにしてありますか
- 壁や家具には有毒物質を含まない塗料が使ってありますか

・おとなの寝室
- 化粧品、ヘアピン、その他の身だしなみ用品は、子どもの手の届かないところに置いてありますか
- ヘアドライヤーやその他の電気製品は、子どもの手の届かないところに置いてありますか

家の中での安全

Chapter 4 安全

廊下・階段
- 階段の近くにマットを置いていませんか
- 階段の上と下に柵が取りつけてありますか
- 階段の照明は明るいですか
- 階段によけいな物を置いていませんか
- 寝室とトイレの間の廊下には終夜灯がついていますか

ベランダ
- 柵の近くに子どもが上れるもの（踏み台、いす、テーブル、植木鉢など）が置いてありませんか
- 柵は縦方向で、間隔のせまいものですか
- ベランダに子どもをひとりで出していませんか

洗濯室・物置
- 使っていない冷蔵庫や冷凍庫のドアと棚は取り外してありますか
- 洗濯機のコンセントや電源は子どもがさわったり操作したりできないようになっていますか
- 洗濯用洗剤や漂白剤は、子どもの手の届かないところに置いてありますか
- ペンキ、ペンキ剥離剤、殺虫剤、その他の有毒物質は、子どもの手の届かないところに鍵をかけてしまってありますか
- 道具類は子どもの手の届かないところに、または鍵をかけてしまってありますか。
- 電気工具は使っていないとき、コンセントを抜いてありますか
- 趣味や工作の用具は、子どもの手の届かないところに置いてありますか

家の中での安全
赤ちゃん用家具

ベビーサークル
- <u>1976年以降</u>の製造で、手入れが行き届いていますか
- 底の部分が丈夫で、ウレタンフォームなどの薄いパッドが敷いてありますか
- ちょうつがいはしっかりしていて手がはさまれる心配のないものですか
- メッシュの部分は編み目が細かくて、裂けたりほころんだりしていませんか

ベビーシート
- 座る部分の幅がたっぷりしていて、しっかりできていますか
- 安全ベルトがついていますか
- すべりにくい素材でできていますか
- テーブルの上で使っていませんか。床の上だけで使うようにしましょう

ベビーベッド
- <u>1986年以降</u>の製造年月日の証印がはってありますか
- ベッドはねじを使ったしっかりした造りのもので、留め金やフックなどの突起物のないものですか
- マットレスはベッドにぴったり合っていますか（マットレスとベッドの間に指が2本以上入るときは、マットレスが小さすぎます）
- ベッドの中に枕を入れていませんか

ハイチェアー
- 火やカウンターの近くで使っていませんか
- 座る部分の幅がたっぷりしていて、しっかりできていますか
- 安全ベルトがついていますか
- トレイの角がとがっていたり、指がはさまれるようなすきまはありませんか

注：ベビーベッドの柵の幅を6センチ以内とするなど、カナダで安全規制のできた年。基準にあてはまらない古い製品は使用してはいけないことになっています。

☺赤ちゃん用品や家具を買ったり借りたりするときには、細かく安全をチェックし、安全性について十分に質問するようにしましょう。

家の中での安全

おしゃぶり
- 一体型で一部がはずれる心配のないものですか
- 赤ちゃんが飲み込めない大きさですか
- 古くなっているかどうかチェックし、古いものは捨てましょう
- 赤ちゃんの首からぶら下げていませんか

衣服
- ひも、リボン、スカーフなどがついていませんか
- サイズは赤ちゃんにちょうど合っていますか
- パジャマは燃えにくい安全な素材のものを選んでいますか

ベビーカー
- しっかりとした造りのものですか
- 大きさは子どもの身長や体重に合ったものですか
- シートベルトはしっかりついていますか
- ブレーキはききますか
- ベビーカーに重い荷物を乗せたり、ふたり以上の子どもを乗せていませんか

歩行器
- 歩行器はどんなものであろうと安全ではないので、使わないようにしましょう

家の中での安全
その他

- ☐ 化粧品や薬は子どもの手の届かないところに置いてありますか
- ☐ 植木鉢は子どもの手の届かないところに置いてありますか。落ち葉は拾ってありますか
- ☐ コンセントにはキャップをはめるか、テープでしっかりふさぐ、あるいは重い家具でかくしてありますか
- ☐ 電気のコードはすべてテープで壁にとめてありますか
- ☐ 暖炉の前には安全ガードが置いてありますか
- ☐ 燃えやすいもの（服、紙、本など）が暖炉やストーブの近くにありませんか
- ☐ 2階以上の窓にはすべて、転落防止用の柵か窓の留め具（緊急時には取り外せるもの）が取りつけてありますか
- ☐ 大きなガラス戸には、ガラスだとわかるようにテープかステッカーがはってありますか
- ☐ 銃は弾を抜き、鍵のかかる場所にしまってありますか。弾薬は別の場所に鍵をかけてしまってありますか
- ☐ ビニール袋は子どもの手の届かないところに置いてありますか。薄手のビニール袋は結んでから捨てるようにしましょう
- ☐ 赤ちゃんが口に入れる心配のある小さな物はすべて片づけましょう
- ☐ 風船は、ポリエステルフィルム（アルミ箔に似た素材）のもののほうがゴム風船より安全です。ふくらませていないゴム風船や割れたゴム風船は、子どもの手の届かないところに片づけておきましょう

安全におもちゃで遊ぶために

Chapter 4 安全

安全なおもちゃとは、子どもの年齢に合ったおもちゃのことです。ある年齢の子どもには安全でも、他の年齢の子どもには安全でない場合もあります。

上の子どものおもちゃは、下の子どもの手の届かないところに置いておきましょう。

上の子どもといっしょにおもちゃを片づけながら、下の子どもの手が届かないようにすることを教えましょう。

安全におもちゃで遊ぶために

安全でないおもちゃで遊ぶと、けがをすることがあります。

おもちゃによる事故を防ぐために

- 新しいおもちゃは安全かどうかを十分にチェックしましょう
- こわれたり、危ない部品はないかよく調べましょう
- 子どもが遊んでいる間、目を離さないようにしましょう

安全なおもちゃは、長い間使えるようにできています

安全なおもちゃとは
- しっかりと作られていて、丈夫
- 簡単に洗ったり手入れをすることができる
- へりや先がとがっていない
- 小さな部品がついていない
- 長いひもがついていない
- 鉛を含む塗料を使っていない

危険

安全

☺ 安全なおもちゃでも、正しい使い方をしなければけがをすることがあります。

安全に車に乗るために

Chapter 4 安全

車の衝突事故は子どもにとってもっとも危険で、深刻な結果を招きます。子どもの安全を守る最良の方法は、政府の安全基準に適合したチャイルドシートを使うことです。取りつけは、メーカーの説明書に従い、車の種類に合った方法で行うことが大切です。

危険

安全

後ろ向きに取りつけるタイプ
これは9キロ（9カ月くらい）までの赤ちゃん用のシートです。安全基準適合マークのついた安全なシートを選びましょう。

シートは後部座席の中央に取りつけるのがもっとも安全です。赤ちゃんのからだをバックルでしっかり固定し、シートベルトをできるだけ固くしめてシートを固定します。

赤ちゃんを自動車用のベッドに寝かせたり、おとなが腕に抱くのは安全ではありません。
また、エアーバッグのある助手席には絶対にシートを取りつけないようにしましょう。

☺車に乗るときは、全員かならずシートベルトをしめましょう。

安全に車に乗るために

前向きに取りつけるタイプ

これは自分ですわることのできる体重９キロから１８キロ（４歳くらいまで）の子ども用シートです。安全基準適合マークのついた安全なシートを選びましょう。

シートは後部座席に取りつけ、シートベルトをできるだけ固くしめて固定します。子どものからだをバックルでシートにしっかり固定します。

かならずテザー・ストラップのついたシートを選びましょう。ストラップは車の固定ネジに取りつけます。また、エアーバッグのある助手席には絶対にシートを取りつけないようにしましょう。

ブースター（学童用）シート

体重が１８キロ以上、またはチャイルドシートの上端が耳の真ん中より下になったら、補助シートを使い、おとな用のシートベルトをしめます。安全基準適合マークのついた安全な補助シートを選びましょう。

体重が２７キロ以上、または車の座席の背もたれかブースターシートの上端が耳の真ん中より下になったら、ブースターシートはもう必要ありません。

注：ここに記載されているカナダでの基準は日本のものと異なります。販売店などできちんと安全基準を確かめて装着しましょう。

☺ほとんどの衝突事故は家の近くで起こっています。
車に乗るときは、どんな短い距離でもかならずシートベルトをしましょう。

安全に車に乗るために

現在、多くの地域で「赤ちゃんをチャイルドシートに」といったプログラムが実施されており、小さな子どもをもつ親に低額で安全なチャイルドシートを貸し出しています。くわしいことはあなたの地域の保健師に尋ねてください。

「チャイルドシートを買うお金なんてないわ」

「うちは借りたんだ」

道路での安全

子どもは車に乗っているときだけでなく、路上でも車の事故にあいやすいものです。よくある路上での事故のほとんどは、注意すれば防ぐことができます

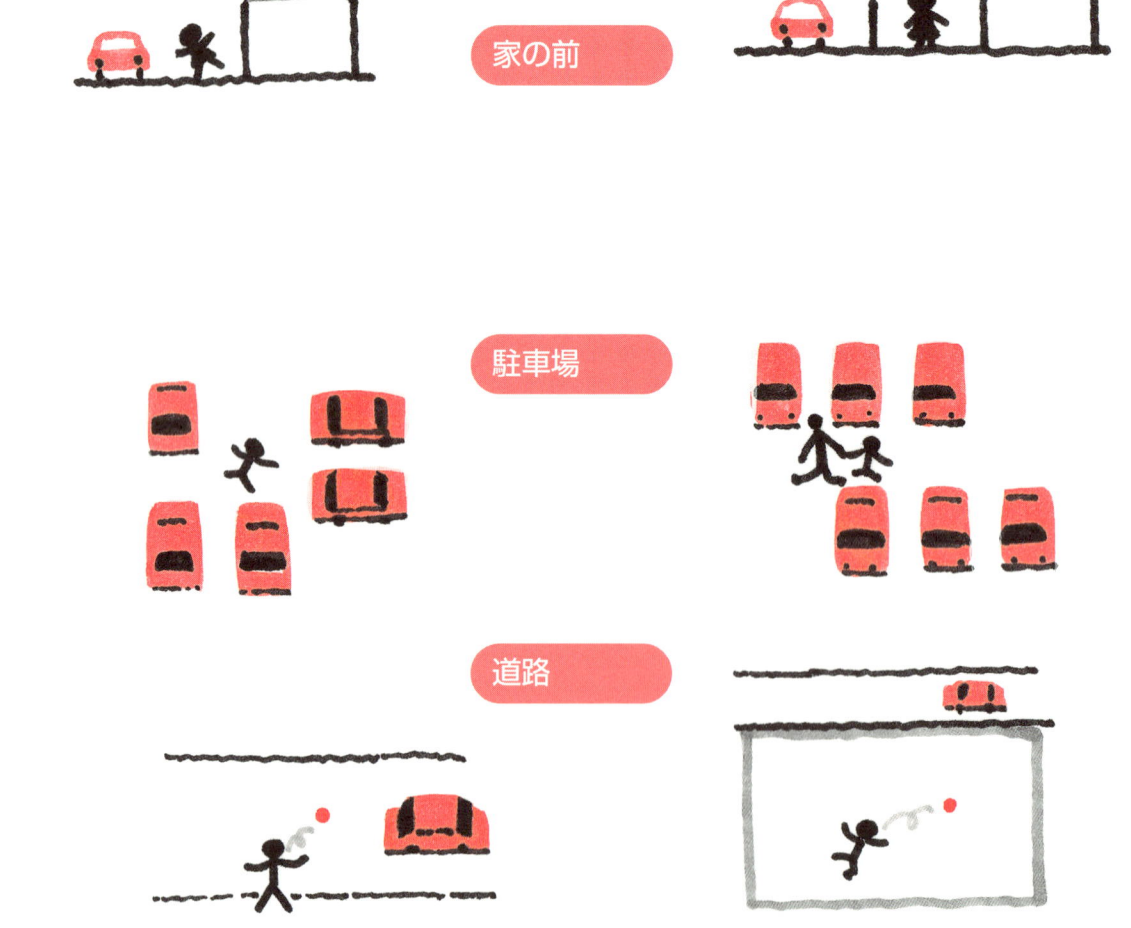

危険　　　　　　　　　　　　　　安全

家の前

駐車場

道路

家の外での安全
危険な場所

5歳未満の子どもを、家から離れたところでひとりで遊ばせるのは安全ではありません。
けれども大きくなってひとりで遊べるようになったときに、どこが安全でどこが危険かがわかるように、いまから教えておくことは大切です。

子どもといっしょに家の近くの危険な場所をチェックしましょう

- 空き家
- 建設現場
- 線路
- 空き地やごみ捨て場
- 小川、水路、排水溝、井戸

☺これらの場所はすべて危険です。なぜ危険なのか説明してあげましょう。

家の外での安全
知らない人に話しかけられたら

子どもに次のことをしっかりいいきかせておきましょう

・知らない人に声をかけられたら、話をしてはいけないこと。また、知らない人から物をもらったり、知らない人の車に乗ってはいけないこと。

・「お母さんのところにいっしょに行こう」などといわれても、知らない人には絶対についていってはいけないこと。

・どこかに行くときは、かならず行き先をいっていくこと。

・このマーク（ブロックペアレンツ）は子どもを助けてくれる人の印であること。

注：通りに面した窓にこのマークを提示し、路上で危険にあった子どもが緊急避難できるようにしているボランティアの一つ。日本でも同様のとりくみとして「子ども１１０番の家」があります。

☺ 5歳未満の子どもからは、つねに目を離さないようにしましょう。

Chapter 4 安全

家の外での安全
子どもに多い事故やけが

戸外でよくおこる事故のほとんどは、未然に防ぐことができます。

危険　　　　　安全

転落

切り傷

戸外での事故やけがの多くは、遊具のある公園や家の裏庭などでおきます。遊んでいる子どもからは、目を離さないようにしましょう。ぶらんこやすべり台などの遊具が安全かどうか、確認しましょう。

・遊具はがんじょうに作られているか？　とげやとがった角、こわれている箇所はないか？
・遊具の下の地面は固くないか？　砂、木のチップ、ゴムなどが敷いてあれば安全です。深刻な事故のほとんどは、硬い地面に落下した場合におこります。

・遊具が子どものからだの大きさや年齢に合っているか？　小さな子どもには、からだに合った小さな遊具で遊ばせることが必要です。

☺子どもの遊び場が安全かどうか、確認しましょう。

171

家の外での安全
太陽光線から子どもを守る

天気のいい日に外で遊ぶのは、とても楽しいものです。けれども赤ちゃんや子どもの皮膚は弱く、日焼けしやすいので、保護する必要があります。

日焼けどめをぬりましょう

日焼けを防ぐために、子どもが外へ遊びに行くときは、かならず日焼けどめをぬってあげましょう

くもりの日でも日に焼けますし、雪や水、砂の照り返しでも日焼けします。

・日焼けどめはＳＰＦ１５以上のものを使いましょう。
・日焼けどめは外に出る前にぬってあげましょう。できれば出かける１５分から２０分前にぬりましょう。
・顔、耳、鼻、首筋、足の甲など、肌が出ている部分には残らずぬりましょう。
・日焼けどめは時間がたつととれてしまうので、２、３時間おきにぬり直しましょう。泳ぎに行ったときは、水から上がるたびにぬり直します。

注：日本の場合は、白人と違ってこれほど肌や目の保護に神経質にならなくてもよいかもしれません。

服装その他の注意
・外で遊ぶときはかならず帽子をかぶらせ、Ｔシャツを着せましょう。
・サングラスは紫外線を防ぐものを選びましょう。

あまり長い時間、太陽の下で遊ばせないようにしましょう
・日差しの強い午前１０時から午後３時までは、日かげで遊ばせるようにしましょう。

赤ちゃんは日かげに
・１歳未満の赤ちゃんにはまだ日焼けどめをぬることができないので、直射日光を浴びさせないようにしましょう。日かげでも照り返しがあるので、かならず帽子をかぶらせ、Ｔシャツを着せましょう。

家の外での安全
冬の屋外での安全

冬の寒い日でも、外で楽しく安全に遊ぶことができます。けれども子どものからだは小さく、冷えやすいので、冷えたり濡れたりしないように注意することが必要です。

暖かい服装をさせましょう

・帽子、上着、厚い靴下、ブーツ、手袋などをかならず身につけさせましょう。
・マフラーをするときは、端を上着の中に入れること。外に出していると、何かにひっかかって首をしめるおそれがあります。

安全に遊ばせるために、次のことに気をつけましょう

・外の気温が−2度以下のときは、家の中で遊ばせましょう。
・小さな子どもにそり遊びをさせるときは、ヘルメットをかぶらせましょう。そりで滑る前に、斜面に危ない場所がないか確かめましょう。小さな子どもを、ひとりでそりに乗せてはいけません。

家の外での安全
オフロード車に乗るとき

スノーモービル

5歳未満の子どもは、スノーモービルに乗せてはいけません。子どもとスノーモービルに乗るときは、次の点に気をつけましょう。

・ヘルメット、顔を保護するマスク、毛糸の帽子、手袋をかならず着用しましょう。
・走り跡のついているところを走るようにしましょう。
・行き先と戻る時間をかならず誰かにいってから出かけましょう。
・夜間の走行は危険なので絶対にやめましょう。
・柵やポスト、洗濯用ロープに注意しましょう。
・車道や線路、氷の上を走るのはやめましょう。

スピードは出さないようにし、ときどき子どもが寒くないか確認しましょう。子どもはスノーモービルの座席ではなく、後ろのそりに乗せたほうが安全です。

不整地走行車（ＡＴＶ）

小さい子どもをＡＴＶに乗せるのは危険なのでやめましょう。

家の外での安全
船に乗るとき

船に乗るときは次のものを用意する必要があります

・全員（赤ちゃんの分も）の救命胴衣
・水をくみ出すバケツやポンプ
・オール2本、オール受け2個、またはパドル2本
・消火器
・笛や警笛など、音の出るもの
・水の中に落ちた人を助けるための浮輪と綱
・発煙筒6本
・マスト灯と船尾灯

船がドックにきちんと係留されていることを確認しましょう。また、子どもをエンジンのそばに近づけないようにしましょう

☺救命胴衣は乗る人全員が、かならず着用しましょう。

家の外での安全
農場での安全

農場は生活の場であると同時に仕事場でもあるので、小さい子どもにとって危険がいっぱいです。5歳未満の子どもからは、つねに目を離さないようにしましょう。小さい子どもは、囲いのある遊び場で遊ばせるようにしましょう。

- 子どもをトラクターや大型機械に乗せないようにしましょう。
- 収穫期には、子どもを畑に近づけないようにしましょう。
- 子どもを機械や農機具に近づけないようにしましょう。機械を動かす前には、まわりに子どもがいないか確認しましょう。
- 肥料、化学薬品、農薬などは子どもの手の届かないところにしまいましょう。
- 小さな子どもを大きな動物に近づけないようにしましょう。

☺子どもに安全のルールをしっかり教えましょう。一度いうだけでは不十分です。何度でもくり返しいいきかせることが大切です。

応急手当
緊急連絡先リスト

親がどんなに気をつけていても、事故はおこるものです。子どもがひどいけがをしたら、一刻も早く助けを呼ぶ必要があります。いざという時のために、このページに緊急時の連絡先を書いておきましょう。こうしたリストは電話の近くにもはっておきましょう。

このテキストで紹介する応急手当の知識は、ごく基本的なものです。もっとくわしく学びたい人は、あなたの住んでいる地域でどんな講習会が行われているか問い合わせてみましょう。

緊急時の連絡先

かかりつけの医師

病院

中毒１１０番

救急車

警察署

消防署

近所の人

祖父母（親戚）

父の勤め先

母の勤め先

注：中毒１１０番　（財）日本中毒情報センター
大　阪 0990-50-2499 ダイヤルＱ２　365日 24時間対応
つくば 0990-52-9899 ダイヤルＱ２　365日 9:00〜17:00（2002・9・9
　　　　　　　　　　　　　　　　　　以降9:00〜21:00）
タバコ専用電話 06-6875-5199（2002・9・9以降は0727-26-9922）無料
　　　　　　　365日 24時間対応　テープによる情報提供

☺緊急時の連絡先は電話の近くにはっておきましょう。

応急手当
常備しておきたい救急用品

基本的な救急用品を用意しておけば、日常的なけがの手当てをするときだけでなく、緊急時にも役に立つ場合があります。

車の中には、このほかに懐中電灯と小銭（電話をかけるときのため）も常備しておきましょう。

- **ガーゼ**（滅菌消毒してあり、1枚ずつ梱包されているもの）—— 傷についた汚れを落としたり、大きな傷口をおおうのに使います。やけど用に、傷口につかないガーゼも用意しておきましょう。

- **とげ抜き**（先が平らなもの）

- **バンドエイド** —— 小さな傷口をおおうのに使います。

- **はさみ**（小さめのもの）—— 包帯やばんそうこうを切るのに使います。

- **ばんそうこう**（粘着テープ）—— 傷口をおおったガーゼを固定するのに使います。

- **大きめの四角い布、または三角巾と安全ピン** —— 骨折した腕を吊ったり、包帯を固定するのに使います。

- **トコンシロップ**（催吐剤）—— 子どもを吐かせるときに使います。

注：日本ではこうした薬剤は発売されていません。

- **カーマインローション** —— 虫に刺されたあとがかゆいときや腫れたとき、ひどい日焼けのときに使います。

- **使い捨てゴム手袋** —— 出血を手当てするときに使います。

応急手当
動物にかまれた、ハチに刺された

動物（または友だち）にかまれたら

1. 皮膚が切れた場合は医師の診察を受けましょう。傷が化膿するおそれがあります。場合によっては、破傷風の予防接種が必要なこともあります。

2. 傷口を石けんと水でよく洗います。

3. ガーゼか清潔な布で傷口をおおい、病院に連れていきましょう。

ハチに刺されたら

1. 針をとげ抜きで抜きます。

2. 石けんと水でよく洗います。
3. 氷や水で濡らした布で冷やします。
4. カーマインローションか重曹を水で溶いたものを塗ります。
5. ひどく腫れた場合は、医師の診察を受けましょう。

虫の毒にひどいアレルギーがある場合は、医師から虫に刺されたときのための薬をあらかじめ処方してもらっておくと安心です。

応急手当
骨折

骨折したと思ったら、すぐに病院へつれていきましょう。

1. 折れた骨を、無理に元に戻そうとしてはいけません。
2. 患部はそのままそっとしておきます。
3. 子どもに声をかけて落ちつかせ、暖かくして病院につれていきましょう。
4. 何も飲んだり食べたりさせないこと。

副木(そえぎ)の当て方
病院に着くまでに時間がかかるときには、副木を当てて固定します。

棒、板、丸めた新聞、傘など、固いものであれば何でも副木として使えます。

患部にタオル、シャツ、毛布、テーブルクロスなどを巻いてから副木を当てます。

副木をネクタイ、ロープ、スカーフ、ハンカチ、ベルト、ひもなどで固定します（きつくしばりすぎないように）。

☺**注意！首や背骨を骨折した疑いがあるときは、動かさないこと。**
巻いたタオルや毛布で頭を固定し、すぐに救急車を呼びましょう。

応急手当
頭を打った

1. 冷たいタオルや氷袋を当てて、腫れや痛みをおさえましょう。
2. 頭を打った当日の夜は2時間おきに子どもを起こし、意識がはっきりしているかどうか確かめましょう。
3. たとえ数秒でも数分間でも意識を失ったら、すぐに病院に連れていきましょう。

氷 ＋ ビニール袋 ＋ 布 ＝ 氷袋

何日かたった後でも、次のような異状がみられたらすぐに病院に連れていきましょう

・やたらに眠がる
・吐く
・手足の動きがおかしい
・言葉がはっきりしない
・ひどい頭痛をうったえる
・けいれんをおこす
・耳や鼻から血や透明の液体が出る
・瞳孔の開き方が左右で違う
・両目が一緒に動かない

応急手当
やけど

1. 痛みがなくなるまで、流水で患部を冷やしましょう。

2. 患部を、滅菌ガーゼや清潔な布でそっとふきます。

3. 乾いた、皮膚につかないガーゼで患部をおおいます。

4. バターやクリーム、軟膏などを塗らないこと。

5. 水ぶくれは破らないように注意しましょう。

6. 患部にはりついた衣服は脱がさないこと。

☺広い範囲のやけどや顔や手足のやけどは、かならず医師の診察を受けましょう。

応急手当
のどに物がつまった（赤ちゃんの場合）

息ができて、声を出したり、咳が出るときは、もっと咳をさせるようにします。のどに詰まった異物を無理に取ろうとはしないこと。自分で吐き出させるようにします。
顔色が青くなり、息ができない、泣くこともできないというときは、ただちに次のようにします。

1. 赤ちゃんの首を支えながらうつぶせにして片手で抱きかかえます。
2. あいている方の手で、肩甲骨の間を5回、強くたたきます。
3. これで吐き出さないときは、赤ちゃんの首を支えながらあおむけにします。
   - ももの上で赤ちゃんを支え、赤ちゃんの頭を胸より低くします。
   - 左右の乳首を結んだ線より少し下の胸骨に指を2本当て、強く5回押します。
4. 異物を吐き出すまで、背中をたたいたり、胸を押したりをくり返します。

応急手当
のどに物がつまった（赤ちゃんの場合）

もし赤ちゃんの意識がなくなったら、すぐに救急車を呼びましょう

救急車を待つ間、次のようにして気道を確保します。

1. 赤ちゃんを硬い平らな場所にあおむけに寝かせます。
2. 親指で赤ちゃんの舌を押さえ、他の指で下あごを持ちます。
3. そのまま下あごを軽く持ちあげます。
4. 口の中を見て、人差し指で異物をひっぱり出します。むやみに指をつっこんで異物を探してはいけません。見える異物を取り除くようにします。
5. あごを押しあげて口で赤ちゃんの口と鼻をおおい、息が漏れないようにします。
6. 静かに息を吹き込みます。
   - 赤ちゃんの胸がふくらんだら、3秒に1回のリズムで息を吹き込みます。1回ごとに口を離して、息を吐き出させます。
   - 赤ちゃんの胸がふくらまなかったら、あごを押しあげてもう一度息を吹き込みます。それでも胸がふくらまなかったら、もう一度背中をたたき、胸を押すことをくり返します。見える異物を取り除き、息を吹き込みます。
7. 自分で息ができるようになるまで上の処置をくり返し、救急車を待ちます。

☺ 赤ちゃんは口の中に何でも入れてしまいます。
ゴム風船、ビー玉、レゴなどのブロック、ソーセージ、ナッツ類、ポップコーン、生のニンジンやセロリ、リンゴの皮、ブドウなどは、のどにつまるおそれがあるので注意しましょう。
☺ どんな小さなものでも、のどにつまる危険があります。

応急手当
のどに物がつまった（もう少し大きい子どもの場合）

息ができて、声を出したり、咳が出るときは、もっと咳をさせるようにします。のどに詰まった異物を無理に取ろうとはしないこと。自分で吐き出さるようにします。
顔色が青くなり、息ができない、泣くこともできないというときは、ただちに次のようにします。

1. おなかを押します

・子どもを後ろから抱きかかえます。
・おへそを見つけます。親指を中にいれたげんこつを作り、おへそとみぞおちの間のおへそ寄りに当てます。
・反対の手でげんこつを押さえ、上に向けて強く押します。

2. 子どもが異物を吐き出すまで、これをくり返します

・1回押すごとに腕の力をゆるめて、間隔をあけながら押します。

応急手当
のどに物がつまった（もう少し大きい子どもの場合）

もし子どもの意識がなくなったら、すぐに救急車を呼びましょう

救急車を待つ間、下のようにして気道を確保します。

1. 子どもを硬い平らな場所にあおむけに寝かせます。
2. 親指で子どもの舌を押さえ、他の指で下あごを持ちます。
3. そのまま下あごを軽く持ちあげます。
4. 口の中を見て、人差し指で異物をひっぱり出します。むやみに指をつっこんで異物を探してはいけません。見える異物を取り除くようにします。
5. 頭をそらせ、あごを押しあげます。鼻をつまみ、口で子どもの口をおおって、息が漏れないようにします。
6. 静かに息を吹き込みます。
   - 子どもの胸がふくらんだら、3秒に1回のリズムで息を吹き込みます。1回ごとに口を離して、息を吐き出させます。
   - 子どもの胸がふくらまなかったら、もう一度あごを押しあげ、息を吹き込みます。それでも胸がふくらまなかったら、もう一度おなかを押す処置をくり返します。見える異物を取り除き、息を吹き込みます。
7. 自分で息ができるようになるまで上の処置をくり返し、救急車を待ちます。

☹ 小さい子どもは口の中に何でも入れてしまいます。
ゴム風船、ビー玉、レゴなどのブロック、ソーセージ、ナッツ類、ポップコーン、生のニンジンやセロリ、リンゴの皮、ブドウなどは、のどにつまるおそれがあるので注意しましょう。
☹ どんな小さなものでも、のどにつまる危険があります。

応急手当
耳や鼻に異物が入った

耳に異物が入ったら

・無理に取ろうとしないこと。異物を奥に押し込み、鼓膜を傷つける心配があります。
・時には、異物が奥に入りすぎて見えないことがあります。耳から臭い液体が出てくるようなら、その可能性があります。
・虫が入ったときは、サラダ油を数滴耳の中にたらしてみましょう。虫はおとなしくなり、流れ出てくる場合もよくあります。

鼻に異物が入ったら

・無理に取ろうとしないこと。異物を奥に押し込んでしまいます。
・物が入っていないほうの鼻を押さえ、鼻をかむようにフンと吹き出させます。
・それでも取れないときは、病院に連れていきましょう。

☺耳や鼻に入った異物が取れないときは、病院に連れていきましょう。

応急手当
目に異物が入った

目に異物がささったら
- 目にとげや砂などがささったら、無理に取ろうとしてはいけません。
- 目をこすらせないようにします。
- **医師の診察を受けましょう。**

目に化学薬品が入ったら
- 目をつぶらせないようにします。
- 水道水を流しながら、少なくとも１０分間、目をそっと洗います。そのとき、もう片方の目に水が入らないようにしましょう！
- **医師の診察を受けましょう。**

まぶたにほこりやごみが入ったら
下まぶたを見ます
- 下まぶたをそっとひっぱります。
- ごみが見えたら、清潔なハンカチや布の角で注意深く取り除きます。

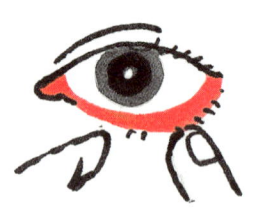

上まぶたを見ます
- まつげの部分を持って、上まぶたをめくります。
- 目を水でよく洗い流します。

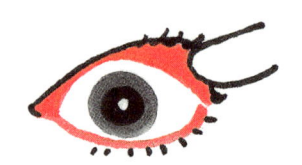

目の赤みが消えない、涙が止まらない、痛みがある、などの症状があるときは医師の診察を受けましょう。

応急手当
凍傷

子どもはからだが小さいので、長い時間冷たい水の中に入っていたり、濡れた服を着たままでいると、すぐにからだが冷えてしまいます。服は十分に暖かく、かわいているかをいつも確かめるようにしましょう。

凍傷
凍傷は爪先や指、ほほ、耳、鼻などのからだの部分が寒さにさらされて、皮膚組織が侵されることをいいます。

凍傷の見分け方
・皮膚が白や灰色になります。
・患部はとても冷たく、硬くなります。
・感覚がなくなるので、痛みも感じません。

凍傷になったら
・患部をからだのほかの部分に当てたり、布や衣服でくるんで暖めます。
・雪などでこすらないこと。
・できるだけ早く、暖かい室内に運びます。
・からだをしめつけている衣服をゆるめます。
・患部をぬるま湯（熱い湯はだめ）につけるか、暖かい毛布やタオルでくるみます。
（電気座布団や熱い湯たんぽなどを当てないこと）
・皮膚に赤みがさしてきたら、暖めるのをやめます。凍傷を受けた部分は、暖まってくると、強い痛みを感じる場合があります。
・暖かい飲み物を飲ませましょう。

こんなときは医師の診察を受けましょう
・患部に赤みがさしてこないとき
・ひどい痛みがあるとき

応急手当
日焼け・熱射病

日焼けしたら

- 1日に数回、冷たいタオルを当てましょう。
- 水風呂に入れましょう。
- 日焼けした部分がヒリヒリするようなら、カーマインローションを塗ります。
- 皮膚の赤みが取れないうちは、子どもを日の当たる場所に出さないこと。
- 水ぶくれになったら、医師の診察を受けましょう。水ぶくれは破らないように。

熱射病（日射病）

熱射病は直射日光に長時間さらされたときにおこる障害です。炎天下に長い間いたり、熱いときに激しい運動をしたときにおこすことがあります。

子どもが熱射病をおこしたら涼しい場所で休ませ、医師の診察を受けましょう。

熱射病を予防するには

- 暑い日には、水分をたくさん取らせましょう。
- 長時間、日の当たるところで遊ばせないようにしましょう。
- かならず帽子をかぶらせましょう。

☺日差しの強いときは、SPF15以上の日焼けどめをぬって日焼けを防ぎましょう。

応急手当
毒物を飲んだ

子どもが毒物を飲み込んだと思ったら、すぐに「中毒110番」に電話して指示を受けましょう

・子どもが飲み込んだ物の容器や、飲んだ物の一部が残っていれば取っておきます。
・もし吐いたら、吐物も取っておきましょう。

注：中毒110番への連絡方法は巻末をみてください。

☺「中毒110番」の電話番号を忘れずに電話のそばにはっておきましょう。

応急手当
すり傷・切り傷・鼻血

すり傷・切り傷
- 傷口を洗う前に、手を洗います。
- 傷を石けんと水で洗い、傷口についた汚れをそっと洗い流します。
- 傷口をバンドエイドや清潔なガーゼでおおいます。すり傷の場合はおおわないこと。

こんなときは病院に連れていきましょう
- 傷がだんだん痛くなったり、赤くなったり、腫れてきたり、膿が出るとき
- 傷口がぱっくり開いているとき
- 傷口についた汚れがきれいに取れないとき
- 唇やまぶた、眉毛の中が切れたとき
- 釣り針やガラスなどが傷口に刺さったとき

鼻血
子どもはよく鼻血を出します。たいがいの場合は心配いりません。
1. 子どもを座らせ、上半身を前かがみにさせます。
2. 小鼻（やわらかい部分）を、5分間ほどつまみます。

場合によっては、破傷風の予防接種が必要なこともあります

鼻の骨が折れているかもしれないときや鼻血が止まらないときは、すぐに医師の診察を受けましょう

緊急時の処置
緊急時の心得

Chapter 4 安全

緊急時には、親であるあなたは危険な状態に身をおかないことです。あなたがけがをしたら、子どもを助けられなくなってしまいます。

1. まず、子どもに意識があるかどうか確かめます
- 子どもをそっとゆすって、声をかけます。

2. 子どもの意識がある場合
- 子どもをそっとゆすって、声をかけます。
- 返事があれば、出血していないかどうか調べます。
- 出血していたら、198ページの処置をします。

☹すぐに助けを呼びましょう。

緊急時の処置
緊急時の心得

3. 子どもが意識を失っている場合
- 子どもを動かしていけません。呼吸をしているかどうか調べます。
- 子どもの鼻と口にほほを近づけ、3〜5秒間、胸が上下しているかどうかを見ます。

4. 子どもの意識がなく、呼吸をしている場合
- 呼吸が止まらずに続いていることを確認します。
- 息はしていても、意識を失ったままあおむけに寝ていると窒息するおそれがあります。静かにからだを転がして気道が確保できる体勢にしてやります。

- 子どもの横にひざまずきます。

- 一方の手で、頭と首を支えます。

- もう一方の手で向こう側の腰を持ち、子どものからだを手前に転がし、胸とおなかを足で受け止めます。

- 上になっている方の足のひざを曲げ、うつぶせにならないようにします。手前の腕を曲げて、からだを支えやすいようにしてやります。

- 注意深く頭を後ろにそらせ、呼吸がしやすいようにしてやります。

すぐに助けを呼びましょう。
たとえ意識をとりもどしても、かならず救急車を呼ぶようにしましょう。
助けを呼ぶためにやむをえない場合を除いて、
意識を失っている子どもをひとりにしないようにしましょう。

緊急時の処置

5．子どもの意識がなく、呼吸が止まっている場合
- 頭を押し下げて気道を確保してから、もう一度呼吸を調べます。
- それでも息をしていなければ、人工呼吸を始めます。（やり方は次のページ）
- 子どもがうつぶせか横向きになっているときは、人工呼吸ができるようにあおむけにする必要があります。

- 一方の手で、子どもの頭と首を支えます。
- そのままもう一方の手を子どものからだに回し、ゆっくり手前に引いてあおむけにします。

☺ すぐに助けを呼びましょう。

緊急時の処置
人工呼吸

赤ちゃんの場合
1. 赤ちゃんの鼻と口にほほを近づけ、3〜5秒間、胸が上下しているかどうか見ます。
2. 息をしていなかったら、頭を押し下げながらあごを持ちあげ、気道を確保します。もう一度、呼吸を調べます。
3. 口で赤ちゃんの口と鼻をおおい、息がもれないようにします。
4. 静かに息を吹き込みます。
5. 口を離して、息を吐き出させます。
6. 息を吹き込むときに、胸がふくらむかどうか確認します。
7. 3秒に1回のリズムで息を吹き込み、1回ごとに口を離します。
8. 自分で息をするようになるまで、これを続けます。

☺ すぐに助けを呼びましょう。

緊急時の処置

もう少し大きい子どもの場合

1. 子どもの鼻と口にほほを近づけ、3〜5秒間、胸が上下しているかどうかを見ます。
2. 息をしていなかったら、頭を押し下げながらあごを持ちあげ、気道を確保します。もう一度、呼吸を調べます。
3. 鼻をつまみます。
4. 口で子どもの口をおおい、息がもれないようにします。
5. 静かに息を吹き込みます。
6. 口を離して、息を吐き出させます。
7. 胸がふらくむかどうか確認します。
8. 3秒に1回のリズムで息を吹き込み、1回ごとに口を離します。
9. 自分で息をするようになるまで、これを続けます。

😐 すぐに助けを呼びましょう。

Chapter 4 安全

緊急時の処置
出血

子どもが息をしているのを確認したら、出血しているかどうかをみます

出血していたら

1. 子どもをできるだけ安静にさせます。
2. 傷口にガーゼや清潔な布を当てて押さえつけます。布がなければ手で押さえます。
3. 布から血がしたたっても、布を取らないこと。最初の布の上に別の布を当てて、圧迫を続けます。
4. 腕や足から出血しているときは、腕や足を心臓より高く上げます（骨折の疑いがある場合は除く）。
5. 出血がほぼ止まったら、布の上から包帯を巻きます。ただし、血の流れが止まるほど強くは巻かないこと。腕や足に傷がある場合は、心臓よりも高い位置に保ちます。

😐 すぐに助けを呼びましょう。

chapter 5
BODY
からだ

完璧な親なんていない！

成長
うちの子は健康？

健康な子どもは
大きくなります。

健康な子どもは
力も強くなります。

健康な子どもは
機敏に動くことができます。

☺大きくなる、力が強くなる、すばやく動く。
これらは皆、子どもが健康な証拠です。

成長

子どもはひとりひとり皆違います。
健康な赤ちゃんは生まれたときは小さくても、どんどん大きくなり、力も強くなって、いろいろなことができるようになります。

でも、お母さんやお父さんは、つい自分の子どもが正常かどうか心配しがちです。「この子は太りすぎじゃないかしら？」「小さすぎるんじゃないか？」「もう、おすわりができてもいい頃じゃないかしら？」「もう、歩いてもよさそうなのに」などなど。

子どもはひとりひとり、独立した、個性をもった人間です。
まったく健康な同じ年齢、同じ性別のふたりの子どもをくらべたとき、大きく違っていたとしても何のふしぎもありません。

成長
子どもの健康を保つには？

子どもはおとなのすることを見て、まねすることで学んでいきます。

車に乗るときお母さんがいつも**シートベルトをしめれば**、子どももどうすれば安全かを学びます。

お父さんが**歯をみがけば**、子どももみがくようになります。

お母さんが**食事の前に手を洗えば**、子どもも洗うようになります。

成長

Chapter 5 からだ

子どもの世界の中心にいるのは、お父さん、お母さん、あなたです。子どもはあなたのすることを見て、多くのことを学んでいきます。

あなたが**からだにいい食べ物**を食べれば、子どももからだにいい食べ物を食べたがるようになります。

あなたが歩くことやその他の**運動が好きなら**、子どももからだを動かすことが楽しいと思うようになります。

あなたが安全のための**交通ルールを守れば**、子どもも安全に注意するようになります。

成長
からだを動かしましょう

子どもが健康に成長するためには、走ったり遊んだりしてからだを動かすことが必要です。子どもが毎日からだを動かすように心がけましょう。

- **毎日、からだを動かして遊ぶ時間をつくりましょう。**なるべく屋外で、天気が悪いときは屋内でします。テレビは消して、元気にからだを動かしましょう。

- **おとなもいっしょにからだを動かしましょう。**キャッチボール、散歩、公園でのかけっこ、音楽に合わせてダンス、赤ちゃんといっしょに床をはいはい、など。

- **からだを動かすのは楽しいということを、おとなが態度で示しましょう。**お父さん、お母さんが手本になることが、何よりも大切です。おとなが楽しんでいるのを見れば、子どももかならず楽しむようになります。

☺ 毎日、元気にからだを動かしましょう！

成長
家の中は禁煙に

タバコの煙は誰に対しても害がありますが、とくに子どもにとっては有害です。子どもはまわりのおとなが吸ったタバコの煙の害を受けやすいのです。またおとなよりも呼吸数の多い子どもは、それだけ煙を吸い込みやすいともいえます。

家族に喫煙者がいると、子どもは耳の感染症やせき、かぜ、気管支炎、扁桃腺炎、肺炎、アレルギー、ぜんそくなどにかかりやすくなります。

子どもをタバコの煙から守るために、次のことを守りましょう。

- **家庭内は禁煙**にしましょう。あなたがまだタバコをやめるつもりがなくても、家の中では吸わないようにできるはずです。

- **車の中も禁煙**にしましょう。車のように密閉された場所では、煙はすぐに充満してしまいます。

- **子どものそばでタバコを吸う人がいないようにしましょう**。親戚や友人、子どもの世話をしてくれる人などに、子どものそばではタバコを吸わないようにいいましょう。

カナダのような寒い国では、子どもは室内で過ごすことが多くなります。タバコ1本分の煙が部屋からなくなるのに、最低3時間はかかります。またそのあとでも、煙の一部は壁や家具、おもちゃに残っているのです。

☺すべての子どもを煙の害から守りましょう。

BODY

成長
十分な睡眠をとらせる

子どもの健康を保つには、食べ物や運動と同様、睡眠が必要です。幼い子どもほど、長い睡眠をとることが必要です。

生まれてまもない赤ちゃんの場合、ちょっと眠ってはまた目を覚ます、ということがよくあります。あまり寝ていないように見えることもありますが、心配はいりません。

子どもにはふつう、10〜14時間の睡眠が必要です。

☺お昼寝をしない子どもにも、日中静かにしている時間をつくるようにしましょう。
（親もゆっくりできるので一石二鳥です！）

成長
清潔を保つ

からだを清潔にすることは、健康を保つうえでとても大切です。赤ちゃんを含め、子どもは週に2、3回は入浴させましょう。それ以上は必要ありません。大切なのは顔や手、そしてお尻を清潔に保つことです。

おもちゃ（カップ、空のペットボトル、スポンジなど）をたくさん用意して、入浴を楽しくするための工夫をしましょう。

お風呂に入ったら爪を切りましょう。

バブルバスは、女の子の膣に感染症をおこす危険があります。男の子のおちんちんを洗うときには皮をむかないように。必要ありませんし、痛がります。耳のなかは、たとえ綿棒を使っても洗わないように。その必要はありませんし、鼓膜を痛める危険があります。

注：日本では耳掃除などはもっと一般的に行われていますが、気候や体質の違いも影響しているのかもしれません。

☺ お風呂も、どろんこ遊びと同じくらい楽しいものにしましょう。

成長
定期検診

定期検診では子どもの成長や発達、視力、聴力などに異常がないかどうか調べます。

医師や看護師がお子さんについていろいろ質問します。あなたも聞きたいことがあれば、どんなことでも質問しましょう（前もって質問したいことをメモしておくとよいでしょう）。もし答えが理解できないときは、遠慮なくそういいましょう。子どもにも質問させてあげましょう。**ばかなことを聞いて笑われたらどうしようなどという心配は無用です**。

病院や保健所に行ったとき、興味をもつ子どももいれば、こわがる子どももいます。どんなことをされるか聞かれたら、子どもには隠さずに話しましょう。検診中にこわがって泣いたり叫んだりしても、よくがんばったねと抱きしめ、ほめてあげましょう。

成長
予防接種

生後2カ月を過ぎたら、予防接種を受けさせましょう。予防接種は医師などにしてもらうことができ、しておけば重大な病気にかからずにすみます。

予防接種には、ジフテリア、百日せき、破傷風、はしか、おたふくかぜ、小児まひ（ポリオ）、風疹、インフルエンザなどの種類があります。

予防接種がいつ、どこで受けられるかは保健師や医師に聞いて確かめましょう。

注：種類によって接種時期や方法は異なります。通知などに注意し、詳しくは、最寄りの保健所・保健センターやかかりつけのお医者さんに相談しましょう。

☺子どもの予防接種の記録はかならず取っておくようにしましょう。

成長
歯の衛生

虫歯にならないように気をつけましょう。ミルクやジュースが長時間口の中に残っていると、虫歯になります（耳の病気をおこすこともあります）。赤ちゃんに哺乳びんをくわえさせたまま寝かせることはやめましょう。

最初の歯が生えたら、歯みがき（やさしくブラッシングする）を始めましょう。歯が2本並んで生えたら、デンタルフロスを使って歯間のそうじも始めます。歯ブラシはやわらかいものを選びましょう。練り歯みがきを使うのは、口から吐き出せるようになってからにします。

歯をみがく習慣をつけましょう。かならず朝晩2回、みがくようにしましょう。きれいにみがかせることより、歯みがきを好きにさせることが大切です。親子で交代しながらみがくのもいい考えです。子どもに少し自分でみがかせたら、次にあなたがみがいてあげましょう。デンタルフロスを使って歯間のそうじをしますが、これも子どもと交代でやってみましょう。フッ素入りの歯みがきは虫歯予防に有効です。

歯科検診を受けましょう。2歳半〜3歳になったら、最初の検診を受けましょう。その後は少なくとも年1回のペースで。虫歯の心配をしすぎると、子どもをこわがらせることになるので気をつけましょう。
あなたの住んでいる地域では子どもの歯科治療が無料かどうか、市の保健局か歯科医に尋ねておくといいでしょう。

☺乳歯は健康な永久歯が生えてくるために必要です。大切にしましょう。

成長
よい食習慣をつける

子どもの成長と健康に必要なエネルギーのもとは、食べ物です。

子どもの食事について、あまり神経質にならないようにしましょう。子どもの年齢に合った健康にいい食べ物を工夫するのは親の仕事ですが、どのくらい食べるかを決めるのは子どもです。どんなに小さな赤ちゃんでも、おなかが一杯になればそれ以上は食べません。
無理に食べさせることは禁物です。子どもが元気でよく動き、大きくなっているのなら、食事は十分足りています。

☺同じ子どもでも、あまり食べないこともあれば………よく食べることもあります。

成長
赤ちゃんの食事

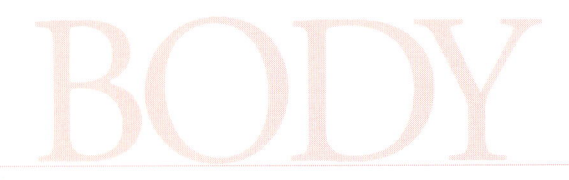

新生児

母乳が最高の食べ物で、これ以上の完全食はありません。母乳は消化がよく、エネルギーとなりやすいうえ、赤ちゃんを病気や感染症から守る力があります。母乳をあたえることによる母子のスキンシップも、赤ちゃんにとって必要なものです。

人工栄養でも赤ちゃんに必要な栄養をあたえることはできますが、母乳のように病気に対する免疫をあたえることはできません。たいていの場合、鉄分の強化された粉ミルクを使います。粉ミルクは、かならずラベルの指示にしたがって飲ませましょう。赤ちゃんがよく飲まないなどの理由で別の粉ミルクに変えるときは、まず医師に相談しましょう。哺乳びんでミルクを飲ませるときは、かならず赤ちゃんを抱いてあげましょう。寝かせたままびんをくわえさせたりしないこと。赤ちゃんにはミルクだけでなくスキンシップも必要なのです。

生後4～6カ月

この時期になったら、様子をみて離乳食用のおかゆを母乳やミルクにまぜて食べさせてみましょう。1日2回、大さじ1、2杯ずつをスプーンで食べさせます。

生後6～9カ月

9カ月頃までの赤ちゃんにとっては、何といっても母乳かミルクが一番大切な食べ物です。6カ月を過ぎたら、離乳食として例えばベビーフードを漉したものを、1日に1、2回、大さじ1、2杯ずつ食べさせてみましょう。最初は野菜、次にくだものを試しましょう。8カ月頃からは、肉、魚、豆、豆腐、ゆで卵の黄身などを食べさせてみましょう。新しい食べ物を試すときは、1回に1種類ずつにします。新しい食べ物は少なくとも1週間かけてうまく消化できるようになるのを待ち、それから次の食べ物を試すようにしましょう。

生後9～12カ月

母乳やミルクが一番の食べ物であることに変わりありませんが、この時期になったら少しずつ牛乳を飲ませてみましょう。ヨーグルトも試してかまいません。そのほかほとんどのおとなの食べ物も、小さく刻むかつぶすかすれば食べさせてかまいません。塩や砂糖、バターは加えるとしてもごく少量にします。

注：母乳が出にくかったり、働いていたりして、思うようにあげられなかったとしても、それほど神経質になることはないでしょう。また離乳食のすすめ方は文化の違いや個人差が大きいので身近な人に助言を受けながら柔軟にとりくんでみましょう。

☺ 子どもの食べ物について心配事やわからないことがあったら、保健師や医師に相談しましょう。

成長
1、2歳児の食事

1、2歳の幼児にとって食べる量はそれほど重要ではありません。大切なのはいろいろな種類の食べ物があることを知り、それを試すことなのです。

1、2歳の子どもの食事は、汚したり遊んだりするので大変です。幼い子どもが食べ物をおもちゃにするのは、あたりまえのこと。食べ物を目で見、においをかぎ、なめ、握りつぶし、それから口に入れる──子どもはそうやって学んでいくのです！

いろいろな食べ物を少しずつあたえるのが、上手なやり方です。 食べる量は子どもにまかせましょう。はじめは少なめにあたえて様子を見、もっとほしがるようならまたあげるようにします。

子どもが喜んで健康的な食事をするために、次のような工夫をしてみましょう。

- 食べ物は──
  - 色どりをよくする
  - 一口大に切って、食べやすく
  - 薄味で、スパイスはなるべく使わない
  - 家族全員が好きな食べ物を出すようにする
- はじめての食べ物を食べさせるときは、子どもが好きなものといっしょに出すようにする。
- はじめての食べ物は、一口でも食べられるように子どもをはげます（ただし無理じいは禁物です）。

☺ 子どものときに身についた食習慣は、その子の一生の食習慣を左右します。

成長
からだにいいおやつ

からだにいいおやつ
子どもの胃は小さく一度にたくさん入らないので、子どもはおとなよりも多くの回数、食べ物をとる必要があります。つまり、3回の食事のほかに、食間に栄養のあるおやつを食べる必要があるのです。おやつも食事の一部と考え、健康的でからだによいものをあたえるようにすることが大切です。

いつ食べさせてもいい、からだにいいおやつ
- パン――全粒粉のパン、ロールパン、ベーグル、ピタパン、スティックパンなど
- クラッカー――全粒粉やライ麦のクラッカー、動物クラッカー、せんべい
- 無加糖のシリアル
- 新鮮な野菜やくだもの、野菜や果物のジュース
- チーズ、牛乳、プレーンヨーグルト

ときどき食べさせてもいいおやつ
- キャンディー、クッキー、ソーダ類など、砂糖の入った甘いもの
- ポテトチップス、フライドポテトなど塩気と油を含んだもの
  小さい子どもには危険なおやつもあるので注意が必要です。ナッツ類やポップコーン、ブドウ、サクランボ、生のニンジンなど、のどに詰まりやすいものは避けましょう。

☺いい子にしていたごほうびに
キャンディーなどの甘いものをあげるのは、なるべくやめましょう。
抱きしめてあげるのが何よりのごほうびです。

病気
病気かどうかの見分け方

子どもは病気になると、たいがい様子やしぐさがふだんと違ってきます。

子どもは心理的に動揺しているときにも、おなかが痛いとか、気分が悪いとかいうことがあります。

病気になると、顔が赤くほてったり、皮膚が熱くなってかわいたり、汗をたくさんかいたりすることがあります。

病気になると、悲しそうな顔や、不快そうな顔をすることがあります。

病気になると、食欲がなくなったり、もどしたりすることもあります。

病気になると、顔が青ざめ、皮膚にさわると冷たいこともあります。

病気になると、機嫌が悪くなったり、むずかったりすることがあります。

病気になると、元気がなくなってぐったりしたり、いつもより長く眠ったりすることがあります。

☺子どもを一番よく知っているのはあなたです。
いつもと違うと直観的に思ったときは病気かもしれません。

BODY

病気
病気だと思ったら

子どもが病気かもしれないと思ったら──
・ゆっくり休ませましょう
・さわって熱く感じたら、重ね着させたり毛布をかけたりしないように

これで大丈夫という場合も多いのですが、時にはもっと具合が悪くなったり、別の症状や病気の兆候が出てくることもあります。

病気
医者に連れていく

電話で予約をする前に、ふだんとどこが違うかをもう一度考えて整理し、メモしておくとよいでしょう。

・熱はあるか？
・飲んだり食べたりする量がふだんより少ないか？ ひどい腹痛があるか？
・食べたものをもどすか？ 量は？ 回数は？
・下痢しているか？ その程度は？ 便の様子は？ 血が混じっていないか？
・排尿時に痛がるか？ 尿に血が混じっていないか？
・ふだんと様子がどう違うか？ 機嫌が悪いか？ 眠ってばかりいるか？ 具合が悪そうか？
・せきや鼻水が出るか？ 息が苦しそうか？
・耳をこするか？
・発疹が出ているか？

医師は自宅でするべきことを指示してくれます。わからないことがあったら、そういいましょう。指示の内容をくり返し、確認します。そのとおりにしても症状がよくならず、心配が消えないようなら、また電話しましょう。

☺子どもの具合が悪いとき、なるべく具体的に医師に症状を伝えるようにしましょう。そのほうがより適切な指示が受けられます。

病気
薬を飲ませるとき

赤ちゃんや子どもに薬を飲ませるときは、かならず医師か薬剤師に相談してからにしましょう。合わない薬を飲ませたり、飲ませる量を間違えると、逆効果になることもあります。薬を処方してもらったら、次のことを確認しましょう。
・薬の名前と効用
・飲ませる量
・飲ませる回数
・もらった薬はすべて飲ませるべきかどうか

薬の副作用がみられたら、すぐに飲ませるのをやめ、医師に電話しましょう。よくある副作用には、発疹が出て赤くなる、おなかが痛くなるなどがあります。

夜間、子どもを起こして薬を飲ませたほうがいいのか確認しましょう。

1日何回、いつ、どのくらい量を飲ませるのか、忘れないようにメモしておきましょう。

次のことに注意しましょう

処方箋はその子ども、その病気にだけ有効です。
・処方された薬は、その子ども以外にはけっして使わないこと。
・ほかの人に処方された薬を、子どもに飲ませないこと。

病気がなおったあと、余った薬はすべて捨てること。

☺薬はすべて、子どもの目につかない、手の届かない場所にしまいましょう。

病気
薬の上手な飲ませ方

- あせらず落ちついて。おとなしく薬を飲むのは当然という態度で飲ませましょう。
- 飲ませるときは、子どもを膝にのせるか、イスに座らせるかしましょう。
- 寝たまま飲ませたり、泣いているときに飲ませないこと。のどにつまらせる危険があります。
- たとえいやがっても、どなりつけたり、たたいたり、鼻をおさえたりしないこと。
- 薬をキャンディーだといつわることは禁物です。

薬を飲ませるときのヒント

- 大きなスプーン1杯で飲ませるより、小さめのスプーンで2杯に分けて飲ませてみましょう。薬局で売っている専用のスプーンやスポイトを使うのもいいでしょう。
- 薬はのどに入れようとせず、ほほの内側にたらしてやるようにします。
- 薬が飲めたら、口直しにおいしいジュースをあげましょう。
- 薬をコップに入れたジュースなどに混ぜて飲ませないこと。薬が底に沈んだり、コップに付いたりして、正しい量を飲むことができません。

錠剤の場合

- スプーンなどでつぶして粉にし、子どもの好きな食べ物に混ぜて飲ませましょう。

それでも飲んでくれないときは――

- 子どもを毛布でくるんでスプーンを払いのけないようにし、根気よくくり返します。

アレルギー

アレルギーとは、たいがいの人にとっては問題のない物質に過敏に反応することによっておこるものをいいます。

子どもは次のようなものにアレルギー反応をおこすことがあります。
- ペット（犬や猫など）
- 食べ物（ピーナッツ、卵、牛乳など）
- 空気中の物質（ハウスダスト、花粉、タバコの煙など）
- 皮膚に触れるもの（ウルシなどの植物や虫さされなど）
- 薬物（抗生物質など）

アレルギー反応には次のようにものがあります。
- 唇やその周辺がはれる
- じんましんや湿疹が出る
- のどがぜいぜいいう、呼吸が苦しくなる
- 鼻水、目のかゆみ
- ものが飲み込みにくくなる
- おう吐、下痢、腹痛

アレルギーの症状は、原因によっても、反応の強さによっても違います。

アレルギー症状が出たら

アレルギーだと思ったら、医師の診察を受け、本当にアレルギーかどうかを診断してもらいましょう。もしそうならその原因は何かを調べてもらう必要があります。アレルギーの原因が何かわかったら、子どもをその原因に近づけないようにすることが大切です。医師が薬やそのほかの治療法をすすめる場合もあります。

こんなときはすぐに医師の診察を受けましょう

アレルギー反応のなかには、命にかかわるような重大なものもあります。次のようなときは、すぐに病院に連れていきましょう。
- 呼吸が困難
- 脈拍が早く、呼吸が浅くて早い
- ふらついたり意識を失ったりする
- 皮膚が冷たくじっとりする
- 口のしびれをうったえる

ぜんそく

ぜんそくになると、肺に通じる細い気管がはれたり、たんでふさがったりするので、呼吸が困難になります。また胸の筋肉もかたく収縮するので、肺に空気が出たり入ったりしにくくなります。

ぜんそくは家族内で遺伝することが多いので、家族にぜんそくの人がいれば、子どもにもぜんそくが出る可能性は高いといえます。成長するにしたがって自然にぜんそくのなおる子どももいます。

ぜんそくの発作は次のようなきっかけでおこります。
・アレルギー
・感染症（かぜなど）
・はげしい運動（全速力で走るなど）
・ストレス（心配事や過度の興奮）

ぜんそくかもしれないと思ったら
医師の診察を受け、本当にぜんそくかどうかを診断してもらいましょう。もしそうだとわかれば、医師は薬やそのほかの治療法をすすめてくれます。また、ぜんそくを悪化させないために、どんな注意が必要かも指導してくれるでしょう。

こんなときはすぐに医師の診察を受けましょう
・せきや、のどがヒューヒューいう音が続き、よくならないとき
・浅くて早い呼吸をし、息が苦しそうなとき
・呼吸しようとすると、肋骨の上の皮膚がへこむとき

かぜ

かぜは、子どもがひじょうにかかりやすい病気です。1歳以上の子どもは年に3～10回もかぜを引くのがふつうです。もし、かぜのような症状がいつまでも続いたり、なおりきらないうちにぶりかえすような場合には、医師の診察を受けましょう。

かぜをひいたら

生後6カ月未満
・具合が悪そうだったり、熱があるときは医師にみせましょう

生後6カ月～1歳未満
・子どもの様子を注意して観察し、もしひどくなったり、熱が出たときは医師にみせましょう

1歳以上
・水分をたっぷり取らせましょう（水、ジュース、スープ、アイスキャンディー、ゼリーなど）
・鼻水が出るときは、鼻をかんで、ふき取るのを手伝ってあげましょう
・かぜをひいた子どもの世話をしたあとは、かならず手を洗いましょう
・タバコの煙が子どもにかからないように注意しましょう
・着心地のよいものを着せてやり、ゆっくり休むように声をかけてあげましょう

薬を飲ませるときは、かならず医師に相談してからにしましょう。

こんなときは、医師の診察を受けましょう
・2、3日してもよくなる様子が見えないとき
・かぜをひいて耳の痛みをうったえたとき
・38度5分以上熱があるとき
・首筋がこって固くなっているとき
・ひどいせきが出て、胸の痛みと高熱があるとき

コリック

コリックとはこんな症状のことをいいます
・長い間泣きつづけ、何をしても泣きやまない
・毎日数時間にわたってこのような症状が続く（たいてい夕方から夜におきる）

コリックは生後数週間で始まり、たいてい3カ月頃にはおさまります。コリックの原因も治療法もわかっていません。

コリックはとても厄介なものです。 人によっては絶望的になったり、疲れはててしまうこともあります。時期がくればなおるのだと自分にいいきかせて乗り切りましょう。また、イライラして頭に血がのぼることもあるかもしれません。赤ちゃんを傷つけてしまう心配があるときは、ひとまずベビーベッドに赤ちゃんを寝かせ、落ちつきをとりもどすようにしましょう。

けっして自分を責めないことです。 コリックの原因はまだわかっていませんし、なぜコリックになる子とならない子がいるのかもわかっていません。親のせいでもないし、赤ちゃんのせいでもないのです。

注：欧米において、生後2、3ヶ月の乳児の3割くらいに見られる現象。夕方にあたかも腹痛で苦しんでいるように顔をしかめ、両下肢を曲げて泣きますが、今のところ原因は不明です。日本においては夜泣きに悩まされる人が多いかもしれません。

コリックをおこしたら赤ちゃんを落ちつかせるためにいろいろな方法を試してみましょう

抱く、なだめる、軽くゆする、抱いて歩く、添い寝する、子守歌を歌う、母乳やミルクを飲ませる、など。おんぶや抱っこひもに入れて歩いたり、毛布にくるんであげたりしてもいいでしょう。効果は一時的かもしれませんが、少なくとも赤ちゃんはあなたの愛情を感じるはずです。

医師、保健師、地域のヘルスワーカーに相談しましょう。症状をおさえることはできなくても、お子さんの症状がコリックであることがわかれば、安心できるはずです。コリックの経験のある母（父）親に相談すれば気分が楽になるかもしれません。

手伝ってくれる人をさがしましょう。コリックがおきると、その間はあなたは赤ちゃんに全神経とエネルギーを集中しなければなりません。疲れがたまらないよう、昼の間になるべく休息をとっておくことが大切です。誰かに赤ちゃんの世話を代わってもらって、休むようにしましょう。

便秘

毎日きまって排便がないからといって、便秘とはかぎりません。便がカチカチになってかわいたボール状になり、なかなか出ないことを便秘といいます。

便秘したら

赤ちゃんの場合
- 十分に水分を取らせるようにしましょう
    - 母乳を飲ませている場合は、そのまま飲ませます。
    - 人口栄養の場合は、粉ミルクがよく混ざっているかどうか確かめます。授乳時間以外は、真水を飲ませます。
- ６カ月を過ぎていれば、授乳と授乳の間にプルーンジュースを３０cc程度飲ませてみましょう。飲ませる量は１日に１２０ccまでにします。
- 固形食を食べているなら、くだものや野菜、シリアルをいつもどおり食べさせます。

もう少し大きい子どもの場合
- 次のような食べ物を食べさせてみましょう
    - プルーンまたはプルーンジュース、レーズンなどのドライフルーツ
    - 全粒粉パン、ブラン（小麦外皮）入りシリアルなどの繊維質の多い食品
    - ジュースや水をたくさん飲ませる
    - くだものをたくさん食べさせる

こんなときは、医師の診察を受けましょう
- ５日以上、便秘が続くとき
- 便に血が混じるとき
- 排便時に泣いたり痛がったりするとき

☺医師に相談なしに下剤を飲ませたり、浣腸したり、座薬を使ったりしないようにしましょう。

せき

せきが出るのはかならずしも悪いことではありません。せきは、のどにたまったたんを外に出すという大事なはたらきをします。

せきが出るときは

- 1歳未満の子どもには、せき止めは飲ませないようにしましょう。
- せき止めシロップはよく使われますが、ほとんどの場合、効き目はありません。
- タバコの煙がかからないように注意してあげましょう。
- せきをするときに口を手でおおう習慣を、幼いときから身につけさせるようにしましょう。

こんなときは、医師の診察を受けましょう

- せきをしながら、何度ももどすとき
- ひっきりなしにせきが出るとき
- せきがひどくて眠れなかったり、せきがひどくてせきをしている間何もできないとき
- 呼吸をするのが苦しそうなとき
- のどがゼイゼイいうとき（次ページ参照）

クループ（喉頭炎）

クループ（乳幼児の喉頭炎）にかかると、息を吸うときにゼイゼイ音がし、呼吸が苦しそうになります。かぜや鼻かぜからクループになることもあれば、何の前ぶれもなく（たいてい夜間に）症状が出る場合もあります。

クループにかかったら

・あわてないこと。夜間はとくに不安になるものですが、落ちつきましょう。
・息をするのが苦しそうだったら——
　1．毛布などで包んで暖かくして外へ出、湿った冷たい空気を吸わせましょう。
　2．風呂場に連れていってドアを閉め、水のシャワーを出して蒸気を吸わせましょう。

こんなときは医師に電話するか、すぐに病院に連れていきましょう

・熱が高いとき
・よだれがだらだら出るとき
・10分以上たっても呼吸困難がおさまらないとき

☺病院に行くときは車の窓をあけて風を入れ、慎重に運転しましょう。

おむつかぶれ

おむつかぶれには、何カ所かが赤くなる程度のものから、おできのようになるもの、水ぶくれになるもの、ヒリヒリ痛むものなどいろいろあります。濡れたおむつが赤ちゃんの皮膚にこすりつけられることが原因で、きわめてありふれたものです。

おむつかぶれができたら

・おむつをひんぱんにはずしましょう。空気に触れさせるのが一番の治療法です。
・市販のおしりふきを使わずに、刺激の少ない石けんと水でおしりをふくようにします。
・通気性のないおむつカバーやパンツはできるだけ使わないようにしましょう。
・おむつがあたる部分を、できるだけ清潔でかわいているように保ちましょう。
・おむつをするときは、かぶれたところに亜鉛華軟膏を薄く塗っておきましょう。亜鉛華軟膏は薬局で売っています。

おむつかぶれの再発を防ぐには

・おむつをひんぱんに替えましょう。
・おむつがあたる部分を、できるだけ清潔でかわいているように保ちましょう。
・通気性のないおむつカバーやパンツはできるだけ使わないようにしましょう。
・香料入りの石けんやベビーオイル、ベビーローション、ベビーパウダーなどは、おむつのあたる部分には使わないようにしましょう。
・おむつを洗うときは2回ゆすぎ、ゆすぎの水に酢をカップ2分の1加えます。
・紙おむつを使っているなら布のおむつに、布おむつを使っているなら紙おむつにかえてみましょう。

こんなときは、医師か保健師に相談しましょう

・かぶれた部分がただれているとき
・おでき状の部分が膿をもっているとき
・かぶれがどんどんひどくなるように思えるとき

下痢

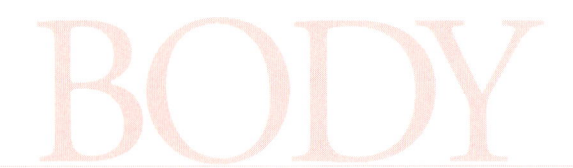

下痢になると、便をする回数がいつもより増え、便は水のようになります。母乳を飲んでいる赤ちゃんの便はふつうより軟らかくて回数も多く、水のようになることもあります。母乳を飲んでいる赤ちゃんが下痢をすると、いやなにおいのする便が出ます。

下痢したら

子どもが下痢をしたら、飲み物で水分を補う必要があります。水分補給にもっとも適しているのは、イオン飲料（スポーツドリンク）です。薬局で買うこともできますし、病院でもらうこともできます。
イオン飲料が手に入らない場合には、自分でつくることもできます。

・次の材料を混ぜ合わせます。
　－湯ざまし　　５カップ（１０００cc）
　－砂糖　　　　大さじ１ １/３（２０cc）
　－塩　　　　　小さじ１/２（２cc）
　あれば風味づけに、オレンジジュースを
　６０cc加えます。

☺下痢している子どもの世話をしたり、おむつを替えたときは、
感染を防ぐために手をよく洗いましょう。

下痢

下痢したら

赤ちゃんの場合
・生後６カ月未満の赤ちゃんが下痢したら、医師にかかりましょう。
・母乳を飲ませている場合は、飲ませる回数を増やします。
・人工栄養の場合は、６〜１２時間、ミルクを飲ませるのをやめ、代わりにイオン飲料を飲ませます。

こんなときは、医師の診察を受けましょう
・下痢が２４時間以上続くとき
・下痢と同時に食べ物をもどすとき
・便が黒くなったり、血が混じるとき
・３８度５分以上の熱があるとき
・脱水状態の兆候があるとき（目が落ちくぼむ、口や皮膚がかわいてかさかさになる、尿の量が減る、または黄褐色の尿が出る）
・ぐったりして、食べ物も飲み物も受けつけないとき

もう少し大きい子どもの場合
・なるべくたくさんイオン飲料を飲ませるようにします。
・食べ物はあっさりしたものにします。
・ジュースや甘いデザート、その他砂糖の入った食べ物や飲み物は下痢がおさまるまでは食べさせないようにします。

耳の痛み BODY

子どもの耳が痛むとき、外からはわかりにくいことがあります。年長の子どもは耳が痛いと口でいうこともありますが、もっと幼い子どもの場合、耳が痛いと耳をひっぱったり、こすったり、頭の横の部分をこすったりします。あるいはとくに赤ちゃんの場合、ただ機嫌が悪くなって、熱が出、夜中に何度も目をさますということもあります。

耳の痛みをおこしたら

・けっして放っておかないこと。治療しないでそのままにしておくと、聴力が損なわれる危険があります。
・医師にみせる前に、耳に薬をつけることはやめましょう。

こんなときは、医師の診察を受けましょう

・耳の痛みがあるときは、かならず医師の診察を受けましょう。
・熱があったり、耳から膿が出たりしていたら、すぐに医師に電話しましょう。

発熱

発熱は病気のサインです。熱が出るのはからだが病気と闘っているからで、そのこと自体は悪いことではありません。子どもは時に、おとなよりずっと高い熱を出すことがあります。さわってみて熱いと感じたら、体温計で測って熱があることを確かめましょう。

熱が出たら

赤ちゃんの場合
６カ月未満の場合は、熱が出たら医師にみせましょう。

もう少し大きい子どもの場合
・薄着にさせましょう（パンツまたはおむつにＴシャツで十分です。毛布でくるんだりするのは禁物です）。
・部屋を涼しくしましょう。
・薬を飲ませるときは、かならず医師に相談してからにしましょう。アスピリンは子どもに飲ませてはいけません。

こんなときは、医師の診察を受けましょう
・６カ月未満の赤ちゃんが発熱したとき
・発熱が４８時間以上続いたとき
・体温が３９度５分以下に下がらないとき
・発熱以外の症状が出たとき（首が固くなる、おう吐、下痢、耳の痛み、発疹など）

注：子どもが発熱した場合、日本は発汗して解熱するために暖めるのが一般的ですが、欧米では逆に水風呂に入れるなど冷ます方向での対応が一般的です。お国柄によって対処法が異なることの好例でしょう。

ひきつけ BODY

子どもは急激に高い熱を出すと、ひきつけ（熱性けいれん）をおこすことがあります。親はとてもびっくりしますが、たいていは数分でおさまります（親にとっては長く感じますが）。ひきつけをおこすと子どもは意識を失い、からだが硬直したり、手足をばたばたと動かすこともあります。

ひきつけをおこしたら

・けっしてあわてず、落ちついて行動しましょう。
・子どもが動かないように押さえつけないこと。周囲にあぶないものがあったら動かしましょう。
・窒息することがないように、できるだけ早く子どもを横向きにしましょう。ひきつけがおさまるまで、そのままの状態を保ちます。
・ひきつけの最中に子どもの口に物を入れることは禁物です。ひきつけをおこして舌を飲み込むことは絶対にありません。

こんなときは、医師の診察を受けましょう

・ひきつけがおさまったら、すぐに医師の診察を受けましょう。
・ひきつけが5分たってもおさまらないときは、たとえ子どもをひとりでおいておくことになったとしても、医師に電話するか救急車を呼びましょう。

とびひ

とびひは子どもにたいへん多い皮膚病です。皮膚が赤く腫れ、水泡ができてじくじくし、やがて黄色っぽいかさぶたができます。顔や手、ひじ、足首などにできることが多く、かゆみをともないますが、かいたりさわったりさせないようにしましょう。かさぶたが取れないうちにかくと、からだのほかの部分に広がるおそれがあります。また、患部にさわったり、同じシーツやタオルを使ったりすると、他人にうつることがあります。

とびひができたら

- 医師に相談しましょう。とびひの治療には、ふつう抗生物質が使われます。
- 家でできる治療は次のとおりです。患部を水につけるか、濡らした清潔な布を当てて、かさぶたをやわらかくします。それから患部をそっと洗い、かさぶたとその下の膿を取り除きます。とびひは、この膿を除去しないかぎりよくなりません。この手当てを1日に2、3回くり返すようにしましょう。
- 親子ともに、手をよく洗うように心がけましょう。
- 患部をかいて、とびひが広がらないように、子どもの爪を短く切りましょう。
- 子どものシーツやタオルはほかの家族のものと分け、ひんぱんに洗うようにしましょう。

こんなときは、医師の診察を受けましょう

- 子どもがとびひになったと思ったら、医師にみせましょう。

しらみ

しらみは髪につく小さな黒い虫です。卵は白く一見ふけのように見え、髪の毛にこびりつきます。しらみがつくととてもかゆく、簡単に人にうつります。しらみはきわめてありふれたもので、**どんなに清潔にしていても誰にでもつく可能性があります。**

しらみがついたら

しらみを取る効果のある特殊なシャンプーまたはローション（薬局で売っている）を使うのが一般的な方法です。使用する前に説明書をよく読み、かならず指示を守りましょう。使い方を間違えると有害になるおそれのある殺虫剤が含まれているので、注意が必要です。赤ちゃんに使うとき、またはお母さんが妊娠中あるいは授乳中の場合は、医師に相談してから使うようにしましょう。

1．しらみを駆除するには

- しらみ専用のシャンプーまたはローションを、使用法のとおりに使います。シャンプーやローションが目や耳、鼻、口に入らないように気をつけましょう。使用後はよくゆすぎます。
- シャンプーのあと、目の細かいくしで注意深く髪の毛をすいて、卵を取り除きます。卵は髪の毛にこびりついているので、手で取らなければならない場合もあります。
- しらみ駆除を始めたら、その日のうちにシーツ、タオル、くし、ブラシ、帽子、衣服などをすべて熱い石けん水で洗いましょう。

2．家族全員のしらみ駆除をするつもりで

- しらみはとても簡単にうつります。家族のひとりにしらみがいれば、家族全員についていても不思議ではありません。

3．しらみがいなくなるまで、ほかの子どもに近づけないようにしましょう

- 子どもが幼稚園や保育園に通っていたり、プレイグループに入っているときは、先生や指導者にしらみのことを伝えましょう。集団の中でうつったのだとすれば、ほかの親たちにも知らせる必要があるからです。

こんなときは、医師の診察を受けましょう

- 赤ちゃんにしらみがついたとき、またはお母さんが妊娠中あるいは授乳中の場合。
- 5歳以下の子どもの場合、1回で駆除に成功しなかったときは医師か保健師に相談しましょう。
- 相談したいことがあれば、医師か保健師にたずねましょう。

かいせん

かいせんは、かゆくて赤い発疹ができる皮膚病で、ダニの一種が皮膚を突き破ってなかで卵を生むのが原因です。指と指の間、ひじから下の腕や手首、ももの内側などによくできます。はじめ、小さなブツブツや水泡ができ、だんだん赤くなって腫れてきます。夜間には、いっそうかゆみがひどくなります。

かいせんになったときは

かいせん治療用の特殊なクリームまたはローション（薬局で売っている）を使うのが一般的な方法です。使用する前に説明書をよく読み、かならず指示を守りましょう。使い方を間違えると有害になるおそれのある殺虫剤が含まれているので、注意が必要です。赤ちゃんに使うとき、またはお母さんが妊娠中あるいは授乳中の場合は、医師に相談してから使うようにしましょう。

1．かいせんを治療するには

- かいせん専用のクリームまたはローションを、使用法のとおりに使います。顔につかないように気をつけましょう。使用後はよくゆすぎます。
- かいせんにかかった子どものシーツ、タオル、衣服などは熱い石けん水で洗い、ほかの家族のものとは分けておきましょう。
- かきむしって傷をつくらないように、爪を短く切りましょう。

2．家族全員の治療をするつもりで

- かいせんはとても簡単にうつります。家族のひとりがかいせんになれば、家族全員にうつっても不思議ではありません。まだかゆみの出ないうちに、全員の治療をしておくことをおすすめします。

3．すっかりなおるまで、ほかの子どもに近づけないようにしましょう

- 子どもが幼稚園や保育園に通っていたり、プレイグループに入っているときは、先生や指導者にかいせんのことを伝えましょう。集団の中でうつったのだとすれば、ほかの親たちにも知らせる必要があるからです。

こんなときは、医師の診察を受けましょう

- 赤ちゃんがかいせんになったとき、またはお母さんが妊娠中あるいは授乳中の場合。
- 5歳以下の子どもの場合、1回の治療でなおらなかったときは医師か保健師に相談しましょう。
- 相談したいことがあれば、医師か保健師にたずねましょう。

のどの痛み

年長の子どもなら、のどが痛いと口でいうことができますが、赤ちゃんの場合は外からではわかりにくものです。食べ物が飲み込みにくそうなとき、とくに機嫌が悪い、顔が赤くて熱っぽい、食欲がないなどの症状があれば、のどの痛みを疑ってみましょう。たいていののどの痛みは、つらいだけでそれほど心配する必要はありません。ただし、溶連菌による扁桃炎と呼ばれるのどの痛みは、注意しないともっと重い病気につながるおそれがあります。

のどの痛みがあるときは

赤ちゃんの場合
・母乳やミルクは飲ませてかまいません。6カ月未満の赤ちゃんの場合は、医師にみてもらいましょう。

もう少し大きい子どもの場合
・安静にさせ、水分をたくさん取らせましょう（水、ジュース、アイスキャンディーなど）。

こんなときは、医師の診察を受けましょう
・子どもがのどの痛みをうったえ、熱がある場合は医師の診察を受けましょう。溶連菌による扁桃炎のおそれがあります。
・医師から処方された薬は、かならず最後まで飲みきるようにしましょう。たとえ症状がよくなったように見えても、まだ病原菌は残っているからです。

おう吐

子どもが1、2度食べ物をもどしても、それほど心配はありません。何回もくり返して吐いたり、下痢をともなう場合は要注意です。
赤ちゃんは授乳後、ミルクを少しもどすことがよくありますが、これはほとんどの場合、心配ありません。ただし、ミルクを飲みおわったあと床に飛び散るほどはげしく吐くようなときは、医師に相談しましょう。

もどしたときは

赤ちゃんの場合
・母乳やミルクはそのまま続けてかまいません。

もう少し大きい子どもの場合
・少量の水分を飲ませましょう（水、水で薄めたジュース、アイスキャンディーなど）

こんなときは、医師の診察を受けましょう
・ひんぱんに吐くとき（2時間に3、4回）
・38度5分以上の熱があるとき
・ぐったりして、食べ物も飲み物も受けつけないとき
・おなかがひどく痛み、その痛みがずっと続くとき
・脱水状態の兆候があるとき（目がどんよりしている、口や皮膚がかわいてかさかさになっている、尿の量が減る、または黄褐色の尿が出る）

☺おう吐に下痢をともなう場合は、かならず医師の診察を受けましょう。

寄生虫（ぎょう虫）

ぎょう虫は腸に寄生する虫です。たいていは子どもが夜間、肛門のまわりをかくので見つかります。ぎょう虫は白くて細い小さな寄生虫で、子どもが夜寝入って1時間ほどしてから肛門の周辺をよく見ると、みつかることもあります。

ぎょう虫がいると思ったら

1．医師の診察を受け、薬を処方してもらいましょう

2．家族全員の駆除をするつもりで
- ぎょう虫はとても簡単にうつります。家族のひとりにぎょう虫がいれば、家族全員にいても不思議ではありません。
- 指の爪は短く切って清潔に保ちましょう。
- トイレの後、食事の前には家族全員がかならず手を洗うようにしましょう。
- 家族全員のパジャマ、シーツやタオルを洗いましょう。子どものおもちゃやぬいぐるみも洗いましょう。

3．ぎょう虫が完全にいなくなるまで、ほかの子どもに近づけないようにしましょう

おわりに　　子育てはやりがいのある仕事

よい親になるためには、肉体的にも精神的にも大きなエネルギーが必要です。子育てがこんなに大変だとは思わなかったと、誰もが思うものです。子どもは試行錯誤をくり返しながら成長しますが、それは親も同じことです。

完ぺきな人間などどこにもいません。

自分の判断に自信をもちましょう。子どもにとって、自分はよい親になれると信じることです。あなたが自分を好きになり、自分に自信をもてば、子どもも自分を好きになり、自信をもてるようになるはずです。そうすれば、あなたが子どもに何か伝えることも、子どもがあなたから学ぶことも、スムースにいくようになるのです。

子育ては大変だけれど、やりがいのある仕事です。いっしょうけんめい努力すれば、たくさんの愛情と、よい仕事をやりとげた達成感という、大きな報いを手にすることができるにちがいありません。

訳者あとがき

「お母さんお父さんにも、自分の生活、自分の人生があります。自分のことをするのは、けっして自己中心的なことではありません。自分の生活をだいじにする親のほうが、子どもの面倒もちゃんとみることができるのです。」

この、「親」のテキストのはじめのほうにある言葉に出会ったときの新鮮な驚きは忘れられません。よい親とは、自分のしたいことをがまんして子どものために尽くすものだ、という刷り込みのおかげで、時に迷いや後ろめたさを感じながら子育てしてきた自分自身をふり返り、こんなにシンプルな言葉でずばり核心をつかれたことに驚きを感じるとともに、ああ、やっぱりそれでよかったんだと、もうとっくに子育ての時期は過ぎてしまった今になって納得もし、安心もしたのでした。

訳者としてより親としての感想になってしまいましたが、縁あってこの子育てテキストを訳すことになり、思いもかけず自分の子育てをふり返ったり、あらためて子育てという仕事の大きさや意味を考えたりすることができたのは有意義な体験でした。また、このテキストはたんに「読む」ためのものではなく、カナダで実施され大きな成果をあげている Nobody's Perfect プログラムの教材として活かされるためのものであり、このテキストの翻訳出版を機に日本でもこのプログラムが少しずつ広がっていくことが、密室化・孤立化しているといわれる子育てから母（父）親たちを解放するのに役立つとすれば、訳者としてもこれ以上の喜びはありません。

この本の訳出にあたっては、私が講師をつとめている翻訳ゼミのみなさんのご協力を得ました。太田千絵、門脇陽子、木村成人、佐藤洋子、寺本孝子、百崎秀子、森田由美、森廣育子、柳瀬祥子の各氏にこの場を借りてお礼申しあげます。最後になりましたが、きめ細かい配慮をもって編集にあたってくださったひとなる書房の松井玲子さんに心から感謝いたします。

2002年7月15日

幾島幸子

巻末資料　　日本における子育て支援情報

　日本で、主に乳幼児を育てている親を対象にした「子育て支援」に取り組んでいる行政や民間の機関やグループを集めてみました。ここにはごく限られたものしか掲載していませんが、何か子育てに困ったときや仲間を探しているときなど、お役に立てていただければ幸いです。

●子育てに関する公的な機関、施設など

　担当部署の名称や業務内容、スタッフの体制は地域によって異なっています。身近な窓口に行って、どこにいったらどんなサービスがあるのか、具体的に問い合わせてみましょう。

保健所、保健センター
　両親学級や乳幼児検診、予防接種などを行なう身近な存在。地域によって体制は異なりますが、医師、保健師、看護師、栄養士、臨床心理士などの専門家による相談もあります。

福祉事務所、家庭児童相談室
　福祉事務所は総合的な福祉の窓口。家庭児童相談室は、福祉事務所に併設されており、専門の相談員が相談に応じています。

児童相談所
　子どもの養育や子育ての悩みなどに関する相談に応じています。子どもの虐待事例の通告機関です。

保育所
　地域の親子にもひらかれた子育てセンターとして、園庭の開放や一時保育、子育て相談などの取り組みが広がってきています。地域の子育てサークルの活動拠点になっているところもあります。

児童館や学童保育所
　学童の来所のない平日の午前中などに、地域の乳幼児を育てている親子を対象にした子育て支援プログラムを行っているところもあります。

女性センター・男女共同参画センター
　男女共同参画社会をめざした取り組みを担っています。女性の心や体、法律などについての相談窓口を設けているところもあります。女性に関する自助グループの情報も集まっています。

婦人相談所
　女性にかかわるさまざまな問題の相談窓口になっています。ドメスティック・バイオレンスの相談、母子生活支援施設などについての情報提供も行っています。

●進行中の各種子育て支援事業

　各地でいろいろな子育て支援事業が始まっており、それぞれ多様に展開されています。下記には主な事業内容のみ簡単に紹介しましたが、各自治体での具体的な事業内容については行政の担当窓口などで積極的に問い合わせてみてください。

地域子育て支援センター
　面接や電話による育児相談のほか、子育てサークルなどの育成・支援等を行っています。単独に設置されているところもありますが、多くは保育所の中に設けられています。

ファミリー・サポート・センター
　地域において、育児や介護の援助を受けたい人と行いたい人が会員となり、育児や介護について助け合う会員組織です。
　くわしくは（財）女性労働協会　TEL 03-3456-4410 http://www.jaaww.or.jp/ まで。

ショートステイ・トワイライトステイ
（子育て支援短期利用事業）
　保護者の病気、出産、仕事（残業や休日出勤など）、あるいは夫などの暴力により緊急に保護を必要とする母子などを、児童福祉施設などにおいて、一定期間養育、保護する事業。

●各種相談窓口・情報提供している機関など

《各種子育て支援サービスなどに関する情報》

子育てネット
　（財）こども未来財団が運営しているホームページ（ http://www.i-kosodate.net/ ）。各地の子育て支援サービス、実施施設一覧、連絡先などの情報を検索するときに大変便利です。

フレーフレー・テレフォン事業
　保育所や幼稚園、家庭的保育、保育サポーター、ベビーシッター、家事代行サービスなどにかんする情報を、電話などにより無料で提供しています。
　くわしくは、（財）２１世紀職業財団
http://www.jiwe.or.jp/gyomu/support/
フレーフレーネット　http://www.2020net.jp まで。

北海道	011-707-2020	岩手県	019-622-2020
青森県	017-776-2020	宮城県	022-214-2020

巻末資料　　日本における子育て支援情報

秋田県	018-866-2020	滋賀県	077-523-2020
山形県	023-642-2020	京都府	075-213-2020
福島県	024-524-2020	大阪府	06-6946-2020
茨城県	029-226-2020	兵庫県	078-794-2020
栃木県	028-625-2020	奈良県	0742-64-2020
群馬県	027-231-2020	和歌山県	073-426-2020
埼玉県	048-834-2020	岡山県	086-227-2020
千葉県	043-225-2020	広島県	082-224-2020
東京都	03-3258-2020	山口県	083-923-2020
神奈川県	045-681-2020	香川県	087-822-2020
新潟県	025-243-2020	愛媛県	089-934-2020
富山県	076-444-2020	福岡県	092-414-2020
石川県	076-234-2020	佐賀県	0952-40-2020
福井県	0776-20-2020	長崎県	095-832-2020
山梨県	055-254-2020	熊本県	096-324-2020
長野県	026-232-2020	大分県	097-538-2020
岐阜県	058-265-2020	宮崎県	0985-20-2020
静岡県	054-288-2020	鹿児島県	099-259-2020
愛知県	052-541-2020	沖縄県	098-868-2020
三重県	059-226-2020		

《子育てについての悩みなど》

子育てインフォ

　母子保健家庭健康教育普及グループが運営。質問項目ごとにテープによる情報提供をしています。
http://www.mcfh.co.jp
　★ワクワク子育てベビーダイヤル
　　TEL 0990-52-8801
　　（24時間対応。通話料の他に情報料がかかります）
　★乳幼児の事故防止と応急手当
　　TEL 0990-52-8199
　　（24時間対応。通話料の他に情報料がかかります）

《誤飲・中毒などにかんする緊急連絡先》

（財）日本中毒情報センター

　★中毒１１０番　大　阪　TEL 0990-50-2499
　　（365日24時間対応、通話料の他に情報料がかかります）
　★中毒１１０番　つくば　TEL 0990-52-9899
　　（365日9:00〜17:00、尚、2002年9月9日より9:00〜21:00に変更、通話料の他に情報料がかかります）
　★タバコ専用　TEL 06-6875-5199
　　（2002年9月9日よりTEL 0727-26-9922 に変更。365日24時間対応　テープによる情報提供、無料）

《子どもの虐待に関する相談》

虐待防止ホットライン（都市家庭在宅支援事業）

24時間対応で電話相談事業を行っています。児童養護施設や乳児院、母子生活支援施設などの児童福祉施設で実施されています。

（福）子ども虐待防止センター

主に家庭内で起こる子どもの虐待を早期に発見し、虐待防止を援助するために設立された民間の組織です。虐待に関わる相談のほか子育て一般の悩みも受け付けるホットラインや、虐待をしてしまうことに悩む母親のためのグループも行っています。
　★子どもの虐待１１０番　TEL 03-5374-2990
　　（月～金10:00～17:00、土は13:00まで）

《ドメスティック・バイオレンスに関する相談》

配偶者暴力相談支援センター

各都道府県の婦人相談所や女性センター、福祉事務所、子ども家庭センターなどに設置されています。

このほか、各地域の警察、各地方法務局（女性の人権ホットラインがあります）、保健所・保健センター、民生委員・人権擁護委員、病院、民間の相談機関・シェルターなど。

《精神的な悩みについて》

・各地の精神保健福祉センターや保健所、保健センターで、相談を受け付けていたり、地元の関連施設の情報が得られます。

・自分の身近な地域のカウンセラーを探すには、下記の本が便利です。全国の相談機関の紹介、連絡方法などが記載されています。
　『臨床心理士に出会うには』
　（日本臨床心理士会編、創元社刊、本体価格950円）

●民間の子育て関連のネットワーク、グループ、各種自助グループなど

ここでは、全国で活動しているグループをいくつかご紹介します。各グループに活動内容を書いていただきました。地域ごとのよりくわしい活動内容やサークルなどの情報については、各事務局に問い合わせてください。

あんふぁんて

楽しく子育てしたい、子どもも自分も仲間が欲しい、社会ともつながりたい……と思う全国各地の会員が、

巻末資料　　日本における子育て支援情報

子連れで集まったり、勉強会やイベントを企画・実行したり、会報で様々なテーマの特集を組んだりしている。3年前から実施の「子育て広場トライアル」は、子どもが大きくなった会員も含めた子育ての相互支援の場。
　★〒102-0083　東京都千代田区麹町1－8
　　高村方　あんふぁんて事務局
　　TEL/FAX 03-3512-5250
　　（電話受付は月～金　12:00～14:00）

こころの子育てインターねっと関西
　子どもたちの心とからだのすこやかな成長を願って、子育て真っ最中の父母、各種専門職などが一緒につくる子育て支援のための民間（NGO）のボランティア団体。各地で生まれている子育てサークル、子育てサークルをつなぐ子育てネットワークの全国調査、ネットワークの運営を互いに支え合うための交流、学習も行っている。
　★〒636-0143　奈良県生駒郡斑鳩町神南4－6－35
　　TEL/FAX 0745-75-0298

特定非営利活動法人　日本子どもNPOセンター（申請中）
子育ての社会化と子どもの社会参画の拡充をすすめる諸団体の連携と支援を柱に全国各地に、ネットワークを生かした"21世紀型の子どもが育つ地域社会づくり"を推進していくことを目的に2002年9月末に設立予定
　★〒106-0032　東京都港区六本木4－7－14
　　みなとNPOハウス3F
　　TEL 03-5785-1795／FAX 03-3796-2357

特定非営利活動法人　子ども劇場全国センター
「子どもが"子ども"として生きられる社会を」をモットーに、子どもとおとながともに育ちあい、子どもが社会参画する機会を広めていくため、地域における芸術的体験や野外での遊びの体験をすすめている。「世話焼きおばさん講座」など、子育て家庭を支援する各種事業にも積極的にとりくんでいる。
　★〒106-0032　東京都港区六本木4－7－14
　　みなとNPOハウス3F
　　TEL 03-5775-3407／FAX 03-5775-3409

しんぐるまざあず・ふぉーらむ
「しんぐるまざあず・ふぉーらむ」は、シングルマザーが子どもとともに生きやすい社会・暮らしを求めて、提言・情報交換・互助・交流などの活動を行なうグループです（月1回例会、年4回会報発行）。体験集『シングルマザーに乾杯！』（現代書館　01年7月）を刊行。年会費2000円
　★〒169-0073　東京都新宿区百人町2－5－5－205
　　清ビル

TEL/FAX 03-3365-0418
http://www.7.big.or.jp/~single-m/

東京ＹＷＣＡ板橋センター
　ＹＷＣＡは、キリスト教を基盤とする女性団体です。子どもから高齢者まで、誰もが出会い憩える場を目指して活動しています。子育て支援の場「ほっとホットスペース」は小出まみさんの著書との出会いで実現し、ボランティアに支えられ4年目を迎えます。たった一組の親子のためにも開かれている場です。この支援は他市ＹＷＣＡにも広がりつつあります。
　★〒174-0043　東京都板橋区坂下1－34－25
　　TEL 03-3969-3582
　　(2004年3月までは建替え中のため御茶ノ水仮事務所 TEL 03-3293-5424)

マミーズサミット・ネットワーク
　全国の地域密着型子育て情報誌の編集者が集まり、1995年10月に結成しました。様々な情報交換を行うと共に、「子育てが楽しい社会」「誰もが生きやすい未来」への方法を模索し、当事者の立場から提案していく「マミーズサミット」を年1回開催しています。また、各地で子育て支援イベントを開催したり、行政の委員に参加したりしています。
　★〒810-0041　福岡県福岡市中央区大名2－11－22
　　若林ビル2階　株式会社　フラウ
　　TEL 092-751-8830　／　FAX 092-751-8831

ＮＰＯブックスタート支援センター
　「ブックスタート」とは、地域の保健センターでの０歳児健診に参加したすべての赤ちゃんと保護者を対象に、赤ちゃんにおすすめの絵本などが入ったブックスタート・パックを、メッセージを添えながら手渡す運動です。ブックスタート支援センターは、市町村などの自治体を単位に、地域に合ったブックスタートのあり方を提案し、継続的な活動に役立つ情報やアドバイスを提供しています。
　★〒162-0814　東京都新宿区新小川町5－19
　　角田ビル3階
　　TEL 03-5228-2891　／　FAX 03-5228-2894
　　Email：infobs@bookstart.net
　センターではブックスタート運動を取り入れた自治体への支援をしています。ブックスタート運動に取り組んでいる自治体一覧など、一般の方向けの情報は次のホームページを見てください。
http://www.bookstart.net/

ハンド・イン・ハンドの会
　離別ひとり親家庭のネットワークグループとして代表・円より子が81年に創設。隔月の会報誌を発行。会

巻末資料　　日本における子育て支援情報

合や合宿も盛ん。ホームページの「バーチャル相談室」では掲示板、メールによる離婚、子育て、夫婦に関する相談を受け付けている。ＮＰＯあごらと（法人格取得申請中）協力して平成15年4月より「ひとり親家庭に対する子育てと就労の支援」を行う予定。
　★〒102-0082　東京都千代田区一番町4－42
　　一番町Ⅱビル
　　TEL 03-3261-1835／FAX 03-3261-1836

ＡＡ（アルコホーリクス・アノニマス）

アルコホリズム（アルコール依存症）からの回復を目指す世界的な自助グループ。日本全国に900箇所あまりのミーティング会場があり、飲酒に問題があって解決したいという方なら、男女、年齢を問わず、いつからでも参加できる。予約も入会手続きも必要なく、無名のまま参加できる。会費もなくメンバーの自主献金で運営している。
　★〒171-0014　東京都豊島区池袋4－17－10
　　土屋ビル4F
　　TEL 03-3590-5377／FAX 03-3590-5419

難病のこども支援全国ネットワーク

難病の子どもとその家族は重い障害やつらい治療に負けず今日も病気と闘いつづけています。なかには治療法のない子どもたちもいます。どんなに重い病気や障害でも子どもは日々、成長・発達しています。だからこそ支えたい、力になりたいのです。難病の子どもとその家族にとって明日への希望と勇気になりたい。それが私達の活動です。
　★〒113-0033　東京都文京区本郷1－15－4
　　文京尚学ビル6階
　　TEL 03-5840-5972／Fax 03-5840-5974
　　ネットワーク電話相談室　TEL 03-5840-5973
　　（月～金11:00～15:00）

＊参考にさせていただいた文献・ホームページ
文部科学省『家庭教育手帳』、厚生省『それでいいよだいじょうぶ～子どもとの暮らしを応援する本』、厚生省監修・母子保健事業団発行『解説版・それでいいよ　だいじょうぶ』、（財）21世紀職業財団、（財）こども未来財団、（財）女性労働協会、日本子ども家庭総合研究所の各ホームページ

監修　三沢　直子（みさわ　なおこ）
1951年生まれ。早稲田大学大学院博士課程修了(臨床心理学専攻)。明治大学文学部心理社会学科教授。これまで約30年間、精神病院、神経科クリニック、企業の総合病院神経科などにおいて、心理療法、心理検査を担当。母親相談や母親講座をはじめとする子育て支援活動、保育士・児童館職員・教師など、子どもに関わる人々の研修などを行っている。主な著書に『殺意をえがく子どもたち』(学陽書房)、『新版　お母さんのカウンセリング・ルーム』（ひとなる書房）、『描画テストに表われた子どもの心の危機』（誠信書房）などがある。

翻訳　幾島　幸子（いくしま　さちこ）
1951年生まれ。早稲田大学政経学部卒。翻訳家。訳書に『未来の子どもたち』(思索社)、『ミスエデュケーション』(大日本図書)、『レイプ・踏みにじられた意思』(勁草書房)、『総決算のとき』(みすず書房)、『3びきのコブタのほんとうの話』(岩波書店）など、多数。

著者／Janice Wood Catano　英語・フランス語版原著デザイン・イラスト／Gaynor／Sarty
日本語版イラスト／おのでらえいこ
日本語版デザイン／山田道弘

普及版〜カナダ生まれの子育てテキスト〜
完璧な親なんていない！

2002年 8月15日　初版発行
2017年 4月20日　17刷発行

著　者　Janice Wood Catano
監修者　三沢　直子
翻訳者　幾島　幸子
発行者　名古屋　研一

発行所　㈱ひとなる書房
東京都文京区本郷2-17-13
TEL　03（3811）1372
FAX　03（3811）1383
E-mail:hitonaru@alles.or.jp

©　2002　印刷　株式会社シナノ
＊　落丁本、乱丁本はお取り替えいたします。